Jürgen Helfricht

Dresdens Pracht der Monarchie

Residenzschloss & Fürstenzug

Husum

Umschlaggestaltung unter Verwendung von Motiven aus dem Buch

Vorsatz: Die im Bau befindliche Katholische Hofkirche auf einem Gemälde von Bernardo Bellotto, genannt Canaletto (1722–1780), vom Jahre 1748

Nachsatz: Silbervergoldetes Zimmer im Historischen Grünen Gewölbe: Die Staatsschätze ruhen hier auf mehr als 250 Konsolen.

Bibliografische Information der Deutschen Nationalbibliothek

Die Deutsche Nationalbibliothek verzeichnet diese Publikation in der Deutschen Nationalbibliografie; detaillierte bibliografische Daten sind im Internet über http://dnb.dnb.de abrufbar.

Abbildungsnachweis:
Fotos und Reproduktionen: Stefan Häßler 109, 110; Jürgen Helfricht 8, 9, 10, 11, 14, 15, 16, 18, 19, 20, 21, 22, 23, 24, 25, 26, 27, 28, 29, 30, 31, 32, 33, 34, 35, 36, 37, 38, 39, 40, 41, 42, 43, 44, 45, 46, 47, 48, 49, 50, 52, 53, 55, 56, 57, 58, 59, 60, 61, 62, 66, 67, 68, 69, 70, 71, 72, 73, 74, 75, 76, 77, 78, 79, 81, 82, 86, 87, 88, 89, 90, 91, 95, 96, 97, 98, 99, 100, 101, 102, 103, 105, 106; Luftbildservice Angermann 6, Leporello; Jürgen Männel 108, 111; Willy Rentsch Vorsatz, 65, 80, 83, 84, 92, 94, 104; Holm Röhner 12; Dirk Sukow 107, Nachsatz; Taschenbergpalais Kempinski Dresden 13.

Gesamtherstellung: Husum Druck- und Verlagsgesellschaft
Postfach 1480, D-25804 Husum – www. verlagsgruppe.de

ISBN 978-3-89876-773-6

Inhalt

Dresdens Residenzschloss, der Sachsen-König und sein Hofstaat

Zu den Juwelen der sächsischen Landeshauptstadt zählt neben der 2005 in alter Pracht wiedererstandenen Frauenkirche (errichtet 1726/1743) und dem einzigartigen, 1854 durch Lückenschluss der Nordseite vollendeten Zwinger (1709/1728) das bis ins 12. Jahrhundert zurückverfolgbare Dresdner Residenzschloss. Seit über 800 Jahren verewigen Architekten hier ihre Handschriften. 1945 war es bis auf die Grundmauern niedergebrannt, 1986 begannen Enttrümmerung, archäologische Erschließung und erste Baumaßnahmen. 1997 beschloss der Freistaat den Ausbau zum neuen Domizil der Staatlichen Kunstsammlungen. Mit rund 380 Millionen Euro Gesamtvolumen ist es das größte staatliche Bauvorhaben Sachsens und Teil eines fantastischen Ensembles. Denn in östlicher Richtung ist das Schloss baulich mit Georgentor, Stallhof samt „Langem Gang", Fürstenzug und Johanneum sowie nördlich mit der Katholischen Hofkirche und südwestlich mit dem Taschenbergpalais vereint. Als Monument großer deutscher Geschichte entwickelte es sich von einer mittelalterlichen Markgrafen-Burg zur Fürstenresidenz. Spätgotik, Renaissance, Barock und Rokoko hinterließen hier ihre Spuren.

Heutiges Residenzschloss-Ensemble aus der Vogelschau: Links die Katholische Hofkirche Kathedrale Ss. Trinitatis, daneben der 100,27 Meter hohe Hausmannsturm. Wir blicken auf die Westfassade des Schlosses, den großen Schlosshof und den mit einem Rauten-Membrandach überdeckten kleinen Schlosshof. Dahinter die Dächer der Schlossstraße und der Stallhof mit „Langem Gang" und Arkaden. Daran schließt sich das Johanneum an. Rechts unten das Taschenbergpalais Kempinski

Der erste Abschnitt war zu Beginn des 15. Jahrhunderts vollendet. Unter Albrecht dem Beherzten (1443–1500) kam der Südabschluss des Hofes, unter Herzog Georg (1471–1539) in den Jahren 1534–37 das schmuckvolle Elbtor (Georgentor) hinzu. Die von Kurfürst Moritz (1521–1553) um 1549 begonnenen Umbauten ließ Kurfürst August (1526–1586) im Jahre 1556 fertigstellen. Kurfürst Christian I. (1560–1591) verfügte eine dritte Erweiterung: 1674 wurde der Schlossturm aufgestockt. Dem legendären Bausinn Friedrich Augusts I., des Starken (1670–1733), legte ein die Hälfte des Renaissance-Baukörpers vernichtender Schlossbrand am Karfreitag des Jahres 1701 die Pflicht auf, beim Wiederaufbau bis 1719 diverse Änderungen im Stil des Barock vorzunehmen. Viele seiner hochfliegenden Pläne fanden jedoch keine Verwirklichung. Schon 1705 bis 1708 ließ der Kurfürst-König südlich ein herrschaftliches Wohnpalais (19 Fensterachsen in viergeschossiger Hauptfassade) für seine Mätresse Reichsgräfin Anna Constantia von Cosel (1680–1765) errichten. Der Palast zwischen der Gasse Am Taschenberg und der Kleinen Brüdergasse, später Wohnsitz der Kurprinzen und Kronprinzen, erhielt im Laufe der Zeit den Namen Taschenbergpalais. Augusts Sohn, Friedrich August II. (1696–1763), befahl den Bau der am 29. Juni 1751 geweihten Katholischen Hofkirche. Dieses ungewöhnliche Gotteshaus (85,5 Meter hoher Turm) des römischen Architekten Gaetano Chiaveri (1689–1770) zwischen Schloss und Elbe vereinte Motive des italienischen Hochbarock mit denen des französischen Barockklassizismus. Die letzte große architektonische Aktivität der augusteischen Epoche galt der Erweiterung des seit 1755 durch einen brückenartigen Gang mit dem Schloss verbundenen Kurprinzenpalais zum Rokoko-Palast ab 1756. Im Jahre 1761 verband man noch das Audienzzimmer des Kurfürsten im Nordflügel durch eine geschlossene Holzbrücke mit den königlichen Oratorien der Hofkirche.

Sein heutiges Aussehen im Stil des Historismus verdankt das Dresdner Residenzschloss dem Ende des 19. Jahrhunderts. 1806 wurde Sachsen durch Napoleons Gnaden Königreich. Anlässlich der Feier der 800-jährigen Herrschaft der Wettiner in sächsischen Landen 1889 bewilligten die Landstände drei Millionen Reichstaler für eine Verschönerung der teilweise recht schmucklosen Schlossfassaden. Hofbaumeister Gustav Dunger (1845–1920) und Hofbauinspektor Gustav Frölich (1858–1933) brachen diverse Anbauten ab, fügten einen neuen Südflügel hinzu, ordneten teilweise Fenster neu, verliehen durch Ecktürme, Erker, Giebelaufsätze und Balkone dem Bau innerhalb von zwölf Jahren ein der „deutschen Renaissance" nachempfundenes Gesicht. Nachdem der Landtag 1899 die Bausumme nochmals aufstockte, konnte auch der Georgenbau als krönender Abschluss vollendet werden.

Eigentümer des Residenzschlosses um 1900 war Seine Majestät König Albert (1828–1902), dessen vollständige Vornamensreihe Albert Friedrich August Anton Ferdinand Josef Karl Maria Baptist Nepomuk Wilhelm Xaver Georg Fidelis lautete. Diesem Monarchen war mit 29 Jahren die längste Regierungszeit im Sachsen des 19. Jahrhunderts vergönnt. Und er war Zeitzeuge des gewaltigen Aufschwungs der Haupt- und Residenzstadt Dresden zur Industriemetropole, die bei seiner Inthronisation 1873 nur rund 200 000 Seelen beherbergte, mittlerweile jedoch eine halbe Million Einwohner zählte. Am 18. Juni 1853 hatte er sich in Dresden mit Prinzessin Karoline bzw. Carola von Wasa (1833–1907), dem letzten Spross aus dem 1809 gestürzten schwedischen Königshaus der Wasa, vermählt. Das kinderlos gebliebene Paar brachte es auf 49 Ehejahre und einen Tag. Seit der Thronbesteigung wurde das Schloss, speziell die Gemächer im Georgentor, ständiger Wohnsitz. Hier hatte das Ministerium des Königlichen Hauses mit Vorstand (Minister, Ministerialrat), Ministerialkanzlei (Kanzleivorstand, drei Sekretäre, Geheimer Kanzlist, Fourier und Aufwärter, Bote) sowie das Hofzahlamt (Hofzahlmeister, Kontrolleur, zwei Sekretäre, Büroassistent, Aufwärter) seinen Sitz.

1530/35 ließ Herzog Georg der Bärtige (1471–1539) das Stadttor, durch welches man seit mittelalterlichen Tagen die Festung Richtung Elbbrücke verließ, zum sogenannten Georgentor umbauen. Später wurde es zugemauert, beherbergte die Landesmünzstätte. 1718/19 richtete man hier die kurfürstlichen bzw. königlichen Gemächer ein. Nach Aufstockung 1833 wurde noch der Kleine Ballsaal eingerichtet. 1901 erfolgte die Fassadenumgestaltung im Stil der Neorenaissance.

Der 1586/88 für Turniere erbaute Stallhof mit den beiden 6,10 Meter hohen Ringstechsäulen von 1601, einem Teil der Arkadenreihe aus 20 toskanischen Säulen, Wappen der wettinischen Lande und Sonnenuhr von 1568. Oberhalb der Arkaden verläuft der im Jahre 1901 auf 100 Meter verkürzte „Lange Gang", welcher Georgentor und Johanneum verbindet. Im „Langen Gang" soll wieder die Gewehrgalerie Augusts des Starken untergebracht werden. Auf der Rückseite befindet sich der Fürstenzug.

Im Residenzschloss umschwirrte zudem der opulente Hofstaat, welcher den europaweiten Vergleich nicht scheuen musste, die von Gottes Gnaden Allerhöchsten Herrschaften des Landes. König und Königin befehligten sogar jeweils ihr privates Dienerheer. Insgesamt existierten in Dresden zur Jahrhundertwende acht Entouragen: Eine gehörte Prinz Georg (1832–1904), dem Bruder des Monarchen. Als betagter Witwer sollte er noch 1902 für zwei Jahre den Thron besteigen. Ein weiterer Hofstaat stand dessen ältestem Sohn Prinz Friedrich August (1865–1932) zur Verfügung, der die sächsische Monarchie 1918 als letzter König zu Grabe tragen musste. Natürlich hatte auch seine Gemahlin Prinzessin Luise von Österreich-Toscana (1870–1947) einen. Allerdings nicht lange. Sie flüchtete Ende 1902 mit ihrem Liebhaber und verlor neben den Kindern, dem Namen und allen Ansprüchen die Dienerschaft. Kleine Gefolge unterhielten selbst Prinz Johann Georg (1869–1938), der jüngere Bruder von Friedrich August, sowie seine Gemahlin Prinzessin Maria Isabella von Württemberg (1871–1904). Ein Mini-Hofstaat, bestehend aus dem Chef der Hofhaltung, Leibjäger, Lakai, Kutscher und Reitknecht, wurde dem jüngsten Bruder, Prinz Albert (1875–1900), zugestanden.

Exakt 1048 Personen bzw. Posten umfasste der Hofstaat Seiner Majestät des Königs Georg im Jahre 1900. Die höchsten Ämter dieser Institution nannten sich ihrer Rang- und Reihenfolge nach Oberhofmarschall, Oberkammerherr, Oberstallmeister, Oberhofjägermeister, Kämmerer, Hausmarschall, Oberschenk und Hofmarschall. Sie standen einer eingespielten Mannschaft vor, die den König nach einem in Jahrhunderten gewachsenen Reglement 24 Stunden am Tag umsorgte, wie die zwei Leibärzte und zwei Hofärzte über sein Leben wachten. Die Bediensteten lasen ihm jeden Wunsch von den Augen ab und hielten das Räderwerk des gigantischen Schlossbetriebes samt aller Außenstellen und Repräsentationsaufgaben an 365 Tagen im Jahr funktionsfähig.

Es gab einen Oberzeremonienmeister und einen Zere-

An den Sieg des Kurfürsten Johann Georg III. (1647–1691) über die Türken bei Wien erinnert der achteckige „Türkenbrunnen“ vor dem „Johanneum“ am Neumarkt. Der Name des imposanten Gebäudes mit doppelläufiger englischer Treppe geht auf König Johann (1801–1873) zurück. 1586 bis 1590 errichtete man es als Stall für die kurfürstlichen Pferde und Kutschen. 1730 bis 1731 wurden ein weiteres Stockwerk und die Treppenanlage hinzugefügt. 1747 bis 1855 beherbergte das Palais die Gemäldegalerie, später die Porzellansammlung und ab 1877 das Historische Museum. Seit 1956 dient es als Verkehrsmuseum. Eine Umnutzung unter dem Dach der Staatlichen Kunstsammlungen ist geplant.

monienmeister nebst Sekretär. 61 Kammerherren aus uradligen Familien Sachsens wechselten sich im ständigen Dienst beim König ab. Es bedurfte u. a. acht Kammerjunker, eines Hofobertrompeters und vier Hoftrompeter, sechs Schlossportiers, vier Heiducken, 18 Hoflakaien und elf Hofgondolieri. Des Königs Hofküche beschäftigte zwei Hofküchenmeister, drei Hofköche, zwei Hofkonditoren, einen Rechnungsführer, vier Kochlehrlinge, sechs Küchen- und Konditoreiarbeiter sowie sechs Küchen- und Konditoreimägde. Die Hofkellerei bestand aus dem Hofkellermeister, dem Kellereischreiber, vier Kellereigehilfen und einer Scheuerfrau. Zum Bereich der Silberkammer gehörten drei Silberkämmerer, ein Silberschreiber, fünf Silberkammergehilfen, zwei Tafeldecker, eine Wäscheaufseherin und vier Silberwäscherinnen. Allein für den König standen in Reit- und Zugstall sowie Wagenhaus zwei Oberbereiter, ein Bereiter, drei Oberwachtmeister, ein Leibwagenmeister, vier Stallwachtmeister, ein Oberrossarzt, zwei Beschlagschmiede, 17 Reitknechte, 45 Kutscher, drei Handwerker, neun Wagenhalter, ein Futtermesser, ein Bahn- und Torwärter, ein Torwärter und ein Wiesenvogt zur Verfügung.

Blick von der Semperoper auf das Residenzschloss und die 1739 bis 1755 errichtete Hofkirche, welche 1980 zur Kathedrale Sanctissimae Trinitatis erhoben wurde. Seit 1761 verbindet eine geschlossene Brücke über die Chiaverigasse, deren Holzkörper 1897 durch Kupfer ersetzt wurde, Schloss und Kirche. Sachsens größtes katholisches Gotteshaus mit 78 überlebensgroßen Heiligenfiguren an den Fassaden und der Grablege der Wettiner geht auf Kurfürst Friedrich August II. (1696–1763) zurück. Dieser beauftragte den römischen Architekten Gaetano Chiaveri (1689–1770) mit dem 86 Meter hohen Sandsteinbau.

Vom Taschenbergpalais Kempinski Dresden existiert ebenfalls ein – heute allerdings unbenutzbarer – brückenartiger Übergang zum Residenzschloss. Kurfürst Friedrich August I., der Starke (1670–1733), ließ das Palais 1707 bis 1711 für seine Geliebte Anna Constantia von Hoym (1680–1765) bauen. Johann Friedrich Karcher (1650–1726) und Matthäus Daniel Pöppelmann (1662–1736) schufen das Prachtgebäude, dessen 48 Meter langen Mittelbau Ornamente, Balkone und ein opulent gestaltetes Hauptportal schmücken. Von 1719 bis zum Anfang des 20. Jahrhunderts diente es der jeweiligen Kronprinzenfamilie als Wohnung, beherbergte königliche Gäste.

Nicht zu vergessen zwei Kammerdiener, zwei Kammertürhüter, zwei Leibjäger, Stubenheizer und Stubenheizergehilfe, Leibwäscherin, Extrafrau, Leibschütz, der promovierte Bibliothekar, zwei Hofprediger, drei Hofkapläne, Kapelldiener, Oratorienheizer und Sakristan.

Auch der Generaldirektor der Musikalischen Kapelle und der Hoftheater gehörte wie seine 647 Untergebenen (darunter 19 Kirchensänger, 12 Kirchensängerinnen, 16 Kapellknaben, 23 Violinisten, neun Bratschisten, zwei Hoforganisten, zwei Hoforgelbauer, 72 Schauspieler und Schauspielerinnen, je 47 Choristen und Choristinnen, zwei Solotänzer, zwei Solotänzerinnen, neun männliche und 37 weibliche Mitglieder des Tanzkorps bis hin zu einem Dekorationsmaler, sechs Hilfsdekorationsmalern, 39 Maschinenarbeitern, vier Theatertischlern sowie zwei Theaterärzten) zum Hofstaat, wurde aus der Zivilliste des Königs bezahlt.

Im Vergleich dazu war der Hofstaat Ihrer Majestät der Königin mit 29 Personen ein überschaubares Gebilde. Doch nur wenige Monate im Jahr diente der bereits damals musealisierte Schlosskomplex auch als Residenz, weilte das Königspaar also wirklich im Herzen Dresdens zwischen Hofkirche und Zwinger. Das Innere des Schlosses stand mit Ausnahme der Wohngemächer täglich von 11 bis 13 Uhr Besuchern offen. Der Schlossverwalter kassierte bei einer

Hauptschiff der Katholischen Hofkirche mit geschnitzter Barockkanzel von Balthasar Permoser (1651–1732) und dem zehn Meter hohen Altarbild „Himmelfahrt Christi“ von Anton Raffael Mengs (1728–1779). Das 4,20 Meter hohe Altarkreuz und die ebenfalls massiv silbernen Leuchter (je 2,15 Meter hoch) fertigte bis 1756 Ignaz Bauer in Augsburg. Da im protestantischen Sachsen bis 1806 die katholische Religionsausübung unter freiem Himmel verboten war, gliedert sich ans Kirchenschiff ein zweistöckiger Prozessionsumgang an.

bis drei Personen 1,50 Mark. Für Hofsilberkammer und Hofkellerei gab es jahreszeitlich unterschiedlich lange Besichtigungszeiten (Eintritt für ein bis zwei Personen eine Mark, jede weitere 50 Pfennige). König und Königin verbrachten Frühjahr und Herbst in der Villa in Strehlen mit großem Park und privatem Eisenbahnhaltepunkt. Jeden Mai und Juni lebte der Monarch nebst Gemahlin im „Sächsischen Windsor", seiner Herrschaft Sibyllenort bei Breslau. Dort besaß man ein neogotisches Schloss mit 400 Räumen, 23 000 Hektar Wald und Feld. Die Sommer waren traditionell Schloss Pillnitz an der Elbe vorbehalten. Gelegentlich logierte das Herrscherpaar auch auf Schloss Weesenstein im Müglitztal oder in Rehefeld im Osterzgebirge. Dazu kam eine ausgedehnte Reisetätigkeit außerhalb Sachsens zu Feierlichkeiten wie Kaisergeburtstagen in Berlin, Kur- und Jagdaufenthalten in der Schweiz und Österreich, Italien, Belgien, England, Skandinavien …

Mit Leben erfüllte sich das Residenzschloss vor allem bei Audienzen, öffentlichen Empfängen und Festlichkeiten. Dazu gehörten die Hofbälle, welche bis zum Ende der Monarchie ein herausragendes Ereignis im Leben sächsischer Adliger sowie auserwählter Künstler, Politiker und Wissenschaftler blieben. Lange durfte bei Hofe nur tanzen, wer hoffähig war, also bis zu 16 adlige Ahnen-Generationen vor den Ururgroßeltern lückenlos nachweisen konnte. Frauen hatten zudem die Hoffähigkeit ihrer Männer zu beweisen.

Arnold Friedrich Vieth von Golßenau (1889–1979), der unter dem Pseudonym Ludwig Renn schrieb, berichtet in seiner Romanbiografie „Adel im Untergang" über die Ballempfänge am Dresdner Hof: „Hofball! Das war ein Wort, das … wie ein Zauberspruch hergesagt wurde …"

In Erinnerung blieben dem königlich-sächsischen Offizier u. a. „Generale …, um deren goldbeschlagene Helme sich Federn wiegten. Damen mit bloßen Schultern, reichen Halsketten und blitzenden Diademen im Haar.

König Albert von Sachsen und seine Gemahlin Carola Prinzessin von Wasa um 1880. Sie war die Tochter des Prinzen Gustav von Wasa (1799–1877) aus dem 1809 gestürzten schwedischen Königshaus der Wasa. Albert lernte seine spätere Frau 1852 gelegentlich eines Jagdausfluges im mährischen Morawetz kennen. Ihre Mutter Luise Amelie Stephanie von Baden (1811–1854) hatte die 50 Kilometer von Brünn entfernte Herrschaft mit 300-Seelen-Dorf erworben.

Herren, deren schwarze Fräcke von oben bis unten mit goldenen Blättern bestickt waren und die einen Zweispitz unter dem Arm trugen…" Walzer ziemte sich nur rechtsherum. Polka, Galopp, der alte Hoftanz Lancier, Tirolienne – so bewegte sich die feine Gesellschaft damals über das Schlossparkett. Prinz Ernst Heinrich (1896–1971), jüngster Sohn des letzten Monarchen, schreibt vom ganz speziellen Hofgeruch. Dafür wurden bei großen Anlässen Essenzen aus einer Lavendel-Weihrauch-Mischung in den Treppenhäusern verspritzt. Nach seiner Erinnerung nahmen an den zwei „Großen Hofbällen" mit Schlemmerbuffets im Winter jeweils 2000 Personen teil: „… nur etwa 200 tanzten. Die übrigen 1800 sonnten sich in der Ehre und im Vergnügen, Gäste des Königs zu sein. Sie guckten herum, schwätzten und taten sich an den riesigen Buffets gütlich, die wegen des Massenandrangs den Spitznamen ‚die Volksküche' hatten."

Die Königliche Familie von Sachsen im Jahre 1897: 1. Reihe (v. l.): Prinz Georg (1893–1943), Prinz Friedrich Christian (1893–1968), König Albert (1828–1902), der spätere König Georg (1832–1904), Königin Carola (1833–1907), Prinzessin Mathilde (1863–1933). 2. Reihe (v. l.): Prinzessin Luise von Österreich-Toscana (1870–1947) mit Prinz Ernst Heinrich (1896–1971), der spätere König Friedrich August III. (1865–1932), Prinz Maximilian (1870–1951), Prinz Albert (1875–1900), Prinzessin Maria Isabella von Württemberg (1871–1904), Prinz Johann Georg (1869–1938)

Das prächtige Bauwerk, seine Gemächer, Säle und Salons um 1900

Ob Fürstenschloss oder Bürgerhaus – beide atmen den Geist der Baumeister und wandeln sich von Zeit zu Zeit in der Hand ihrer jeweiligen Bewohner, welche den Besitz eigenen Gewohnheiten und Bedürfnissen anpassen. Bei der Dresdner Residenz spielten besonders kulturelle Tradition, Macht-Repräsentation und natürlich die Kassenlage eine große Rolle. Um 1900 stand der tief greifende Umbau an den Fassaden kurz vor seiner Vollendung. Seit 1889 hatte man dem ehrwürdigen Bau – beginnend mit dem Westflügel – in mehreren Abschnitten ein neues Antlitz verliehen. Konzeption und Koordination verantwortete Hofbaurat Gustav Dunger, die künstlerische Ausgestaltung Hofbauinspektor Gustav Frölich. Dem seit 1893 unter Leitung des Oberhofmarschalls Graf Friedrich Vitzthum von Eckstädt (1855–1936) stehenden Hausmarschallamt und Hofmarschall Hans von Carlowitz-Hartitzsch (1851–1935) oblag es, die langjährigen Arbeiten mit dem täglichen Ablauf am Hofe und dem Zeremoniell in Einklang zu bringen. Der renommierte Architekt und Kunsthistoriker Cornelius Gurlitt (1850–1938) lobte damals die gelungene Synthese von vorhandener Substanz und Neuem in höchsten Tönen: „So ist das alte Fürstenhaus an der Elbe wieder zu einem neuen geworden. Die Kraft der Renaissance des 16. Jahrhunderts, die Wucht des Barock um das Jahr 1700 …, die sinnige Weise der romantischen Zeit unseres Jahrhunderts ist mit Hilfe der Eigenart aller dieser Stile zu einem Ganzen vereint, das … diesem Schlosse erneut geschichtliche Weihe und künstlerische Vorbildlichkeit verlieh.“ Dokumentiert wurde alles erstmals vom königlich sächsischen Hoffotograf Emil Römmler (1842–1941). Anlässlich seines 25-jährigen Geschäftsjubiläums gab er 1896 eine Prunkmappe (Format 72, 8 cm x 52,5 cm) mit großformatigen Lichtdrucken heraus, die heute zu den absoluten Raritäten zählt. Diese lassen den Betrachter noch einmal die verschwundene Pracht der Säle, Paraderäume, Audienz- und Wohngemächer Revue passieren. Sie vermitteln Einblicke in die hochadelige Wohnkultur einer Dynastie um die Wende vom 19. zum 20. Jahrhundert, welcher es vergönnt war, 829 Jahre lang im meißnisch-sächsisch-thüringischen Lande zu regieren.

Königlicher Hofball im Residenzschloss um 1900. Fast bis zum Ende der Monarchie 1918 hielt die Herrscherfamilie an solch adliger Geselligkeit fest. Über Jahrhunderte pflegten die Wettiner rauschende Feste, rühmte man den Dresdner Hof sogar als den angesehensten, mächtigsten und reichsten Fürstenhof neben dem der Habsburger. Der 27-jährige italienische Abenteurer Giacomo Casanova (1725–1798), der im August 1752 für gut ein halbes Jahr erstmals in das genusssüchtige Dresden kam, verspürte noch diesen langsam verblassenden Glanz. Später notierte er euphorisch: „Dresden hatte den glänzendsten Hof, den es damals in Europa gab.“

Schloßstraße nach dem Umbau durch Dunger und Frölich 1892, der das Residenzschloss zu einer geschlossenen Anlage des Historismus werden ließ. Vom historischen Gebäudekern stammen noch das kleine Tor am Eckturm (2. Hälfte 16. Jh.) und das Torgebäude in der Mitte der Ostseite (um 1590). Der Eckturm und die Giebel, Erker und Dachaufbauten sind Neuschöpfungen.

Das um 1590 von Paul Buchner (1531–1607) geschaffene **Schlosstor an der Schloßstraße** mit doppelten toskanischen Säulen, Pelikan-Schlussstein und Löwenkopffries bildete den Hauptzugang zur Residenz. 1894 wurden der obere Fensteraufbau, der repräsentative Giebel, die Wandlaternen mit Gasbetrieb (Schmiedearbeiten von August Kühnscherf & Sohn) sowie die Wappenlöwen (von Kurt Roch) hinzugefügt.

Süd-Erker (li.) (modelliert von Kurt Roch) und **Nord-Erker** (re.), bei dem neben Roch auch Prof. Gustav Adolph Kietz (1824–1908) mitwirkte, an der **Schloßstraße**. Der östliche Schloßstraßenflügel mit dem Haupttor ist als eine scheinbare Reihung von selbstständigen Bauwerken gestaltet. In den Häusern vis-à-vis, zu denen auch das 1565/67 erbaute Kanzleihaus gehört, befanden sich noble Geschäfte wie die Dependance der Porzellan-Manufaktur Meissen.

Kleiner Schlosshof oder Kleiner Turnierhof (640 qm groß, 1595 fertiggestellt). Wir blicken nach Osten Richtung Torhaus zum Ausgang Schloßstraße. Rechts die zweigeschossige Loggia mit Stichbögen auf toskanischen Säulen. Sie wurden einem in die Hofanlage integrierten Bürgerhaus, dem sogenannten Schreyer'schen Haus, angefügt. Links der ursprüngliche Südflügel des von Kurfürst Moritz (1521–1553) erbauten Schlosses, in welchem 1682 ein noch von Johann Georg II. (1613–1680) geplantes Barockportal seinen Platz fand. Durch dieses betritt man das Vestibül zur Haupttreppe oder Englischen Treppe.

Um 1550 geschaffene **Nordfront des großen Schlosshofes** (entstanden 1549/52) mit den 1883/88 restaurierten Renaissancewendelsteinen und der offenen Mittelhalle. Westlich des Hausmannsturms befand sich die Schlosskapelle. Es fehlt das Prachttor von 1555, welches am Jüdenhof aufgestellt war. Nach dem Schlossbrand 1701 hatte man die Fenster des Obergeschosses vergrößert, die Giebel über dem Gesims und die dekorativen Sgraffiti entfernt.

1895 passte Gustav Frölich die **Haupttreppe** dem Zeitgeschmack an. Er platzierte u. a. die vier Erdteile darstellenden Puttengruppen auf den Pfeilern. Die barocke Treppe von 1692 geht auf Hofbaumeister Johann Georg Johann Starcke (1630–1695) zurück. Ihre Einweihung erfolgte 1693 – anlässlich der Einkleidung von Kurfürst Johann Georg IV. (1668–1694) zum Ritter des englischen Hosenbandordens. Deshalb wird sie auch Englische Treppe genannt.

Das kühle Noblesse ausstrahlende **Vestibül an der Haupttreppe** im Erdgeschoss des alten Südflügels erhielt 1895 durch Kurt Roch diese Gestalt. Man darf davon ausgehen, dass der für die innenarchitektonischen Entwürfe zuständige Gustav Frölich Anlehnung bei österreichischen Vorbildern seiner Zeit nahm.

Hofbaumeister Bernhard Krüger (1821–1881) hatte kurz vor seinem Tode die Zeichnungen für den 1881 renovierten **Spiegelsaal** vollendet. Dieser verweist in der Wandarchitektur auf barocke und in der Deckengliederung auf Renaissance-Einflüsse. Die Dresdner Hofbildhauerfirma Udluft und Hartmann führte alle Tischlerarbeiten und Schnitzereien aus, die Leuchterhalter modellierte Johannes Daniel Schreitmüller (1842–1885). Aus alter Zeit erhielten sich die Supraporten, der Marmorkamin, Möbel und Kronleuchter.

Im **Audienzzimmer Seiner Majestät des Königs** blickten Ahnen wie König Johann (1801–1873) und König Friedrich August I. (1750–1827) aus großen und kleinen Gemälderahmen auf die Besucher. Decke und Stuckarbeiten fertigte unter Leitung von Bernhard Krüger 1875 Bildhauer A. Hauptmann. Der Teppich ist eine Arbeit der Wurzener Teppichfabrik. Aus dem 18. Jahrhundert stammen Kronleuchter, Möbel, Supraporten und Vertäfelung.

Hier im **Arbeitszimmer Seiner Majestät des Königs** im ersten Geschoss des Georgenbaus studierte der von Familienfotos, Gemälden, Plastiken und Reiseandenken umgebene Monarch Akten, diktierte Korrespondenzen: Auf dem neuen Wurzener Teppich stehen größtenteils Möbel aus dem Familienbestand des 18. Jahrhunderts. Auch Kamin, Vertäfelung und Türen sind überkommener Besitz. Der Ofen stammt von der Dresdner Firma Christian Seidel & Sohn.

Die **Privat-Bibliothek Seiner Majestät des Königs** betreute lange Jahre der berühmte Archivar, Bibliothekar und Historiker Ernst Wilhelm Förstemann (1822–1906), ab 1899 Fortunat Schubert von Soldern (1867–1953). Letzterem unterstand auch die königlich-sächsische Kupferstichsammlung sowie die vom Vorgänger übernommene Bibliothek in der Sekundogenitur.

An Schlossgalerien des Barock erinnert die **Französische Galerie** im zweiten Geschoss des Ostflügels. 1874 dekorierte Vogts aus Berlin diese im Stile von Versailles. Während sein Vater, König Johann, bis 1865 kaum Veränderungen an der Inneneinrichtung des Residenzschlosses vornahm, war König Albert seit der Thronbesteigung auf üppige Prachtentfaltung bedacht. Ein Teil der Möbel, die Uhren und Kronleuchter der Französischen Galerie sind aus dem 18. Jahrhundert.

Im völlig weiß gehaltenen **Stucksaal** – auf der gleichen Etage wie die Französische Galerie befindlich – spiegelt sich die steife Repräsentanz des 17. Jahrhunderts wider. Er wurde ebenfalls 1874 fertiggestellt. Bildhauer Fratscher aus Weimar übernahm die Ausgestaltung nach Plänen von Bernhard Krüger. Möbel und der Kronleuchter entstammen dem 18. Jahrhundert.

Das **Audienzzimmer Ihrer Majestät der Königin** wird von einem Gemälde des belgischen Historienmalers Ferdinand Pauwels (1830–1904) dominiert. Es zeigt ihren Gemahl, König Albert, der am 11. Juli 1871 nach dem Deutsch-Französischen Krieg bei seinem Einzug in Dresden durch Wilhelm I. (1797–1888) zum ersten nicht-preußischen Generalfeldmarschall ernannt wurde. Bis auf die Standuhren und den Kronleuchter umgibt die Königin hier eine damals moderne Einrichtung der Jahre 1868/69.

Zu den Königlichen Wohngemächern im Georgenbau zählt auch der **Salon Ihrer Majestät der Königin** Carola Prinzessin von Wasa – wie all ihre Gemächer im zweiten Geschoss des Georgenbaus. Rechts ein Porträtalbum, die linke Wand ist mit ihren Familiengemälden bestückt. Bis auf einige Möbel handelt es sich um die aktuelle Einrichtung jener Zeit. Der Ofen stammt von Christian Seidel & Sohn.

Erst in den letzten Regierungsjahren von König Johann kam es zu wichtigen baulichen Veränderungen im Residenzschloss. Dazu zählt der von Bernhard Krüger 1866/68 eingerichtete **Kleine Ballsaal** im zweiten Obergeschoss des Georgenbaus. Unter Rückbesinnung auf die regionale Kunsttradition vereint das Dekor auf geniale Weise sächsischen Neobarock und Neorokokoelemente.

Modern möbliert im Stil des Jahres 1868 (Entwurf Bernhard Krüger) zeigt sich auch das **Wohnzimmer Ihrer Majestät der Königin**. Die Prinzessin aus dem Hause Wasa hat sich mit schwedischen Landschaften, religiösen Motiven, Engelsköpfen auf der Kredenz und weiterem Nippes umgeben. Eine zu den Sesseln passende Fußablage sorgt gelegentlich für besondere Behaglichkeit.

Decke und Wand des **Großen Speisesaals** stammen noch von 1750. In jener Zeit entstanden auch die prächtigen Gobelins mit biblischen Darstellungen aus der Geschichte Josefs. Die Möbel sind Kunsttischler-Arbeiten aus der ersten Hälfte des 18. Jahrhunderts. Lediglich der Teppich ist relativ neu, stammt aus der Wurzener Fabrik.

Das 10,2 m x 10,1 m messende **Turmzimmer** im Hausmannsturm (zweites Obergeschoss) zeigt sich mit seiner aus dem 17. Jahrhundert stammenden Gewölbedekoration im Genueser Stil. Wandverkleidung und Konsolen sind Arbeiten des beginnenden 18. Jahrhunderts. Damals verknüpfte man das Turmzimmer mit dem auf der gleichen Etage befindlichen Riesensaal, Riesengemach, Tafel- und Spielsaal, präsentierte ab 1719 vor teilweise verspiegelten Schauwänden die Silberschätze. Mit Fertigstellung des Grünen Gewölbes um 1732 wurden dann nur noch Porzellane aufgestellt.

Hofbaumeister Otto von Wolframsdorf (1803–1849) richtete zum Anfang der 1840er-Jahre den **Großen Ballsaal** im zweiten Obergeschoss des Nordflügels ein. Die Ausmalung besorgte 1847/54 Eduard Bendemann (1811–1889). Sein Bildprogramm schöpft aus Kunst und Mythologie des alten Griechenlands. So stellte er auf den Wandfeldern der Pfeiler die Idealgestalten der sechs Freien Künste dar. Auf der rechten Seite der Westwand malte er die Hochzeit der Thetis mit Peleus, darüber den Mythos von Prometheus. Die Ostwand war Apollons Zug zum Parnass und dem Orakel von Delphi sowie dem Zug des Dionysos und den eleusinischen Mysterien vorbehalten. Die linke Westwand schloss mit der Hochzeit Alexanders und dem Gastmahl des Plato ab. Beim Umbau durch Gustav Dunger 1882 – er umfasste eine Anhebung und Neugestaltung der Decke – blieben alle Gemälde erhalten.

Bankettsaal wird um 1900 der zu den wichtigsten Paradesälen zählende einstige Stände- oder Thronsaal von König Friedrich August II. (1797–1854) östlich des Hausmannsturms im zweiten Obergeschoss des Nordflügels genannt. Wieder eine Arbeit von Wolframsdorf und Bendemann. Letzterer zeigte die mittelalterliche Welt in Form von Historienbildern und Allegorien. So präsentiert ein umlaufender Fries das menschliche Leben von der Geburt bis zum Tod. Auf der Westwand die Allegorie der Saxonia, links und rechts die 18 Gesetzgeber und Könige. Fotografiert ist die Marschalltafel, wie man sie beim Einzug des Prinzen Johann Georg von Sachsen (1869–1938) und der Prinzessin Maria Isabella von Württemberg (1871–1904) im Jahre 1894 herrichtete.

Der 1890/91 renovierte **Thronsaal Augusts des Starken** im zweiten Obergeschoss des Westflügels. Ursprünglich als Audienzgemach bezeichnet, erhielt der 17 m x 8,8 m große Raum bis 1719 die kostbarste Ausstattung aller Paradezimmer. Dazu gehörten die Pilaster mit Reliefgoldstickerei auf Goldbrokat, die auf Goldgrund gemalten Ornamente der Holzverkleidungen, die Marmorgewände der Türen und das Deckengemälde von Louis de Silvestre (1675–1760): Unter dem Schutz der Tugenden stößt Herkules als Sinnbild für das weise Haus Wettin die drei Laster Verleumdung, Neid und Wut zu Boden. Ein kleiner Genius mit Zepter und Schild, auf dem das sächsisch-polnische Wappen prangt, unterstützt ihn.

Im **Thronsaal König Alberts** ist die Zeremonientafel aufgestellt, wie sie 1894 für den Prinzen Johann Georg und seine Gemahlin dekoriert wurde. Den zum Anfang des 18. Jahrhunderts ausgestalteten Raum hat man erst 1890 erneuert. Beeindruckend die für das Festmahl herbeigeholten Leuchter und vielen prunkvollen Silbergerätschaften aus der Königlichen Hofsilberkammer.

Durch die beiden Türen der Ostwand des Thronsaals gelangt man ins 16,8 m x 8,6 m große **Paradeschlafzimmer Augusts des Starken** (vom Himmelbett aus fotografiert). Einst harmonierten die Wandbespannungen aus grünem Samt mit Applikationen von Goldbrokat auf roter Seide mit dem an der Südwand aufgestellten Paradebett nebst Baldachin und Vorhängen. Über allem schwebt an der Decke Aurora, die Göttin der Morgenröte – eine Schöpfung Silvestres von 1715. Die Lichtbringerin des jungen Tages ist von Blumen umkränzt. Vor ihr schweben Horen, welche mit Tuba und Glöckchen die Welt aufwecken, aus einem Krug Tau ausgießen.

1892 installierte man im zweiten Obergeschoss des Westflügels ein vorher nie dort gewesenes und mit Möbeln aus dem 18. Jahrhundert ausgestattetes **Wettinzimmer**. An historischer Substanz blieben Teile der 1560 von Tischler Georg Fleischer gefertigten Decke erhalten. Ermenegildo Antonio Donadini (1847–1936) schuf an den Wänden die Ansichten sächsischer Schlösser, Wappen und den Stammbaum der Wettiner albertinischer und ernestinischer Linie.

SACHSEN
ERNESTINISCHE
LINIE
SACHSEN
LINIE

Im sogenannten **Gedenkzimmer** mit seiner wenig geordneten Hängung von Familienporträts – darunter auch Kinderbilder – sowie der Sammlung von Erinnerungsstücken und Geschenken ließen der Monarch und seine Gemahlin mitunter ihr Leben Revue passieren. Viele Familienmitglieder, hochadelige Weggefährten und ihm nahestehende Höflinge hatte der 1900 schon im 72. Lebensjahr stehende König Albert von Sachsen überlebt.

Die tiefe Religiosität von König Albert, seiner Gemahlin und Familie zeigte sich auch im Unterhalt ganz privater Kapellen. Die zwei Stockwerke hohe **Familienkapelle im Palais am Taschenberg** St. Constantia (auch Silberkapelle genannt) war 1756/63 für Kurprinzessin Maria Antonia von Bayern (1724–1780) errichtet worden. Obwohl der König dank eines privaten Überganges vom Schloss-Nordflügel die Katholische Hofkirche sehr bequem erreichte, existierte für die täglichen geistlichen Verrichtungen im Georgenbau noch die schlichte **Kapelle der Allerhöchsten Herrschaften**.

Bei Hoffestlichkeiten gehörte das dekorative Arrangement einiger Kunstwerke aus der **Silberkammer** zur Tradition. Die durch Erzfunde in Sachsen besonders reiche Silberkammer wird erstmals am 7. Januar 1443 in den Hinterlassenschaften der Witwe von Kurfürst Friedrich dem Streitbaren (1370–1428) erwähnt. Unter August dem Starken waren schon drei sechsspännige und ein vierspänniger Korbwagen vonnöten, um Silberleuchter, Spiegel, Trinkbecher oder Bestecke zu transportieren. Um 1900 umfasste der Bestand 1880 Stücke, darunter manche fast als Heiligtümer verehrte Schätze wie das doppelt matt vergoldete große Tafelservice von 1719 oder das im Grünen Gewölbe aufbewahrte Taufbecken der Wettiner von Daniel Kellerthaler (um 1574/75–1648).

Diese faszinierende Präsentation unvorstellbar wertvoller Schätze im **Juwelenzimmer des Grünen Gewölbes** schufen Matthäus Daniel Pöppelmann (1662–1736) und Raymund Leplat (um 1664–1742) im Auftrag Augusts des Starken 1723/29. Der Name jener mit Kunstwerken von Weltrang und Teilen des Kronschatzes gefüllten neun Räume im Erdgeschoss des Westflügels leitete sich von den einst malachitgrün gestrichenen Säulenbasen und -kapitellen der barocken Schatzkammer her. Seit 1724 wurden hier ausgewählte Gäste empfangen, ab 1733 führte man kleine Besuchergruppen umher. Nach Installation von Schutzgittern war seit Mitte des 19. Jahrhunderts der freie Rundgang die übliche Besichtigungsform, besaß das Grüne Gewölbe längst den Rang eines Museums.

JUWELEN-ZIMMER.

Mittelstück der Westfassade. Das Untergeschoss ist mit die Putzfassade kontrastierenden Sandsteinquadern verkleidet. Jene den funktionslosen Zierbalkon stützende Atlanten schuf Bildhauer Friedrich Adolf Rentsch (1836–1899). Mächtige Ziergitter der Firma August Kühnscherf & Söhne schützen die hinter den dicken Mauern ruhenden königlichen Schätze im Grünen Gewölbe.

Westflügel des Residenzschlosses mit der 1889/91 völlig umgestalteten Westfassade. Im Erdgeschoss die vergitterten Fenster des Grünen Gewölbes. Im zweiten Geschoss befinden sich die barocken Paraderäume von August dem Starken. Die Ecktürme, von denen der südliche neu hinzugefügt wurde, verleihen dem Bau die architektonische Balance. Rechts das Taschenbergpalais mit dem Übergang zum neuen Schloss-Südflügel. Vorn im Foto der Wettin-Obelisk von 1896 – eine Arbeit des genialen Johannes Schilling (1828–1910).

Eindrucksvoll demonstriert der **Georgenbau** jene tief greifenden Veränderungen, welche der Schlossumbau zur Wende vom 19. zum 20. Jahrhundert mit sich brachte. Das Foto von 1898 (rechte Seite) zeigt den schmucklosen Zustand zwischen 1834 und 1899. Blicke ziehen nur der Sgraffito-Fürstenzug von 1876 und das Jagdtor (einstiger Zugang zum Stallhof) mit dem 1587/88 entstandenen plastischen Dekor von Andreas Walther III (um 1560–1596) an. 1901 von Dunger und Frölich im Stile des Historismus vollendet, bekam der Georgenbau wieder den Charakter eines Torturms. Der monumentale Erker in der Mittelachse, der hohe Staffelgiebel mit Volutenschmuck und Dachreiter unterstreichen dies.

Als ein Juwel der Renaissance erhielt sich der über Jahrhunderte u. a. für höfische Turniere genutzte **Stallhof**. Das Foto aus den 1930er-Jahren zeigt den Langen Gang, welcher Georgenbau und Johanneum, das ehemalige Stallgebäude, verbindet. Vor der Bogengalerie des Langen Ganges stehen zwei beim Ringelstechen verwendete Bronzesäulen von Giovanni Maria Nosseni (1544–1620). Die prächtige Anlage errichteten im Auftrag von Kurfürst Christian I. (1560–1591) Paul Buchner (1531–1607), Hans Irmisch (1526–1597) und Nosseni 1586/91. Vorliegende farbige Abbildung mit Blickrichtung Georgenbau entstand kurz vor dessen Umbau.

Der Monumentalfries mit Wettiner-Herrschern und sein Künstler

Der Fürstenzug mit seinen 35 Gestalten aus sieben Jahrhunderten ist seit Generationen eine beliebte Dresdner Touristenattraktion. Dabei war die Grundidee, welche dem Riesenbild vorausging, simpel: Es galt, eine kahle Wand zu schmücken! Bei der sogenannten Langen Wand an der Augustusstraße handelt es sich um die elbseitige Mauer des Stallhofes – seit 1589 verziert mit dem Sgraffitogemälde eines Reiterzuges. Hofseitig waren die Heldentaten des Herkules in den Putz geritzt. Allerdings nur kurze Zeit. Denn vor die Mauer setzte man 22 Rundbogenarkaden. Diese stützen das Obergeschoss mit seinem langen Saal. Erst befand sich hier die Ahnengalerie der Wettiner, ab 1731 die berühmte Gewehrgalerie. Auch die Umgebung des Stallhofes veränderte sich: 1737/40 errichtete Heinrich Graf von Brühl (1700–1763) gegenüber der Langen Wand sein stattliches Brühlsches Palais.

Mitte des 19. Jahrhunderts war allerdings vom Sgraffito an der Langen Wand nichts mehr zu sehen. Am 4. November 1861 war die verrußte Wand mit dem verblichenen Reiterzug sogar Thema einer von Minister Friedrich Ferdinand von Beust (1809–1886) geleiteten Sitzung der Zentralen Kommission für Dresdner Bauangelegenheiten. Dabei erörterte man drei Verschönerungsvorschläge: Durchbruch von Arkaden, Bogenöffnungen oder Dekoration. Die letzte und vermeintlich billigste Variante befürworteten sowohl Oberlandbaumeister Karl Moritz Hänel (1809–1880) als auch Hofbaumeister Bernhard Krüger (1821–1881). Somit fand sie am 12. August 1862 auch die Billigung des Ministeriums des Königlichen Hauses. Zwei Männer reichten Anfang 1865 Entwürfe ein: Hofbaumeister Krüger und der unter armseligen Verhältnissen lebende Historienmaler Wilhelm Adolf Walther (1826–1913).

In Cämmerswalde geboren und als Bauern- sowie Lotterieeinnehmer-Sohn im Erzgebirge aufgewachsen, fiel Walther früh durch seine zeichnerische Begabung auf. 16-jährig fand er Arbeit als Maler für Holzdosen in einer Zöblitzer Fabrik. 1843 erfüllte sich sein Traum, wurde er als Student an der Dresdner Kunstakademie immatrikuliert. Dem fünfeinhalbjährigen Studium schlossen sich Ateliersemester an, in welchen er schon selbstständig gearbeitet haben mag. 1855 vermählte sich Walther mit der Vollwaisen Marie Emilie Pauline Junker (1826–1880), deren Vater Apotheker und Destillateur gewesen war. Zwischen 1855 und 1859 wurden ihm und seiner Frau die Kinder Johannes Martin (1855–1916), Georg Gottfried (1857–1877) und Katharina Elisabeth (1859–1946) geboren. Bittere Armut umfing die 1863 in die Friedrichstadt umgesiedelte Familie. Denn bei 22 in Dresden arbeitenden Historienmalern gelang es dem jungen Künstler nur ganz selten, Werke zu verkaufen, häuften sich Schulden an. 1864 gab er erstmals zwei Wochen lang Vertretungsunterricht an der Akademie. Trotz widrigster Verhältnisse fühlte er sich zu jener Zeit berufen, die Lange Wand am Dresdner Schloss mit einem Kolossalgemälde zu verzieren und dafür weitere Entbehrungen in Kauf zu nehmen.

Krüger hatte für die kahle Wand allegorische Darstellungen zur Geschichte der Sachsen vorgeschlagen, Walther einen Reiterzug aller Wettiner durch ihre Geschichte. Diesem Fürstenzug sollte ein Zug des Volkes entgegenreiten. Drei zu schaffende Bogenöffnungen in der Mitte der Langen Wand würden die aufeinander zustrebenden Aufzüge trennen. Der Akademische Rat der Dresdner Kunstakademie gab am 8. April 1865 Walthers populärer Offerte den Vorzug. Diesem Gremium, ohne dessen Zustimmung der Fürstenzug nie entstanden wäre, gehörten damals folgende Persönlichkeiten an: Julius Schnorr von Carolsfeld (1794–1872), Ludwig Gruner (1801–1882), Ernst Hähnel (1811–1891), Gustav Heine (1802–1880), Hermann Hettner (1821–1882), Julius Hübner (1806–1882), Hermann Nicolai (1811–1881), Carl Gottlieb Peschel (1798–1879) und Adrian Ludwig Richter (1803–1884). Später setzte sich auch Johannes Schilling (1828–1910) für Walther ein.

Doch die Mühlen am Königshof mahlten langsam. 1867 verbot König Johann (1801–1873) den Mauerdurchbruch für die drei Bögen – er befürchtete die Beeinträchtigung der darüber befindlichen Gewehrgalerie. Da es als gestalterisch und wohl auch politisch bedenklich galt, beide Aufzüge direkt aufeinanderstoßen zu lassen, beschränkte man sich auf den Fürstenzug, den Kritiker bereits als „Geisterzug“ diskreditierten. Walthers Kostenvoranschlag für das Werk belief sich am 1. Mai 1868 auf 10 556 Reichstaler. Schließlich stimmte 1868 der König dem veränderten Entwurf zu.

Altersbildnis Wilhelm Walthers vom Jahre 1912

Bereits zum Jahresende gewährte der Akademische Rat Walther materielle und Studienhilfsmittel. Ab 1. Februar 1869 erhielt er – ein offizieller Vertrag war noch nicht geschlossen – Abschlagszahlungen. Zwecks Herstellung der riesigen Kartons in Originalgröße wurde ihm der Restaurierungssaal des alten Galeriegebäudes im Johanneum zugewiesen. Für historische Studien öffneten sich Walther Bibliothek, Gemäldegalerie, Historisches Museum, Kostümsammlung des Hoftheaters, Kupferstichkabinett und Marstall. 1870 riet der die Titanenarbeit überwachende Akademische Rat der Akademie der bildenden Künste, den Fürstenzug mit einer Gruppe Volk und Gefolge abzuschließen. Der Künstler musste in Ermangelung von Porträts vor allem die Physiognomie historischer Gestalten aus der Frühzeit der Dynastie nachempfinden. Manche ihnen angedichtete oder auch historisch verbürgte Charaktereigenschaften spiegeln sich in einigen Gesichtern wider. Walther gelang es nicht nur, die familiäre Zusammengehörigkeit der abgebildeten 35 Herrscher herzustellen. Mit beeindruckender Detailfülle lässt er sie höchst menschlich, ganz unkriegerisch und fast wie in einem Film vorbeidefilieren, verdeutlicht ihre Entwicklung durch die Zeiten vor allem am Wandel von Kleidung und Ausrüstung. Und dennoch bleibt alles ein illusionäres Wunschbild aus einer vergangenen Zeit, welche der Einheit von Königtum und Volk huldigte. Ganz am Ende des Fürstenzuges hat sich Wilhelm Walther selbst verewigt. Vor ihm seine engsten Mitstreiter: Maurer Pietzsch und im Schurzfell mit Winkelmaß Zimmergeselle Kern.

Am 1. November 1870 übertrug das Ministerium des Innern bei Zusicherung von 12 000 Reichstalern Walther endlich die Ausschmückung der Langen Wand, Ende 1873 wurde die Summe zudem auf 15 000 Reichstaler erhöht. Bereits im Vorjahr hatten unter Leitung eines Maurermeisters die Unterputz-Arbeiten (Ausbesserung schadhafter Mauerteile, Herstellung des Mörtelgrundes) begonnen. Deshalb gelten – obwohl Walther bereits ab 1862 mit dem Riesengemälde beschäftigt war – die vier Jahre 1872 bis 1876 als die eigentlichen seiner Erschaffung. Zuerst mussten die Entwürfe auf 10 Meter große Kartons in Originalgröße der Wandbemalung (jeder Karton zudem vier Meter breit) gebracht werden. Dann pauste man die Kohlezeichnung der Kartons auf die oberste Schicht des feuchten Putzes. Der handwerkliche Vorgang bei der Sgraffitotechnik ist einfach, aber zeitkritisch: Auf den festen Mörtelgrund kommen zwei schwarze Putzschichten von zusammen 1,9 cm und darüber ein dünner Kalküberzug. Letzterer wird, wo es die Konturen des Gemäldes erfordern, noch vor dem Hartwerden mit verschieden geformten Schlingen und Kratzeisen abgekratzt. Damit das Werk gelingt, konnten immer nur einige Quadratdezimeter bearbeitet werden. Walther, der die Zeichnung selbst auf den Putz übertrug, musste mit den Maurern bei jedem Schritt Hand in Hand arbeiten. Im Winter ruhte alles, widmete man sich den Kartons. Sonst war das Team bei jedem Wetter täglich von 4 Uhr früh bis 9 Uhr abends auf dem Baugerüst. Die Übergabe des Fürstenzuges, der trotz exorbitant gestiegener Kosten – letztlich musste der staatliche Kunstfonds mit 62 288 Mark belastet werden – überall überschäumende Begeisterung auslöste, fand am 21. Juli 1876 statt. Kronprinz Georg (1832–1904) – als letzter Vertreter der Herrscherfamilie selbst reitend abgebildet – überreichte dem Maler Walther für sein Kunstwerk eigenhändig das Ritterkreuz I. Klasse des Albrechtsordens.

Seinem Schöpfer hatte der Fürstenzug seit dem 1. Februar 1869 erstmals regelmäßige Einkünfte von 100 Talern monatlich beschert. In der Kunstwelt Sachsens und darüber hinaus konnte er sich mit dem vollendeten Werk einen Namen machen. 1878 wurde er durch Ministerialverordnung dritter Lehrer in der Unterklasse (Zeichensaal) der Dresdner Kunstakademie. Ein weiterer Aufstieg in der Hierarchie der Akademie – z. B. in den Gipssaal – war dem Mann, an welchem man vor allem den künstlerischen Handwerker schätzte, bis zum Übertritt in den Ruhestand 1900 nicht vergönnt. Jedoch am 16. Juni 1878 sprach man ihm den Titel eines Professors zu, der sein Jahresgehalt auf 2100 Mark ansteigen ließ. 1891 wurde ihm der Titel eines Hofrates verliehen. Im gleichen Jahr nahm er in der Wettinerstraße 53, Dresdens gutbürgerlicher Gegend, eine neue Wohnung. Verschiedene religiöse Arbeiten und Märchenbilder vollendeten sein Œuvre. Nach der Neufassung seines Lebenswerkes in Meissener Porzellan® ehrte ihn Sachsens letzter König Friedrich August III. (1865–1932) im Jahre 1908 noch mit dem Offizierskreuz des Albrechtsordens. Am 7. Mai 1913 starb Wilhelm Walther an Altersschwäche und wurde auf dem alten Matthäusfriedhof in Dresden-Friedrichstadt beigesetzt.

Den Abschluss des Fürstenzuges bilden honorige Persönlichkeiten. In der ersten Reihe mit rundem Hut Akademie-Professor Hermann Nicolai, neben ihm die in Walthers Entwurf vertieften Professoren Carl Peschel und Julius Hübner. Ihnen folgen die Bildhauer Johannes Schilling und Ernst Julius Hähnel sowie der den Betrachter anschauende Adrian Ludwig Richter. Die drei Herren mit den Hüten dahinter stellen Oberbibliothekar Ernst Wilhelm Förstemann (1822–1906), Geheimrat Wiesner vom sächsischen Innenministerium sowie den Kunsthistoriker und Archäologen Freiherr von Weißenbach dar. Ganz am Ende des Fürstenzuges hat sich Wilhelm Walther selbst verewigt. Vor ihm engste Mitstreiter: Maurer Pietzsch und im Schurzfell mit Winkelmaß Zimmergeselle Kern. Auf gleicher Höhe schreiten – nur durch ihre Köpfe sichtbar – ein sächsischer Bergmann und ein Bauer.

Zeitgenössische Bildtafeln vom ersten Sgraffito-Fürstenzug

Gleich nach Fertigstellung des Fürstenzuges dedizierten der Kunsthändler und Verleger Adolf Gutbier (1841–1902) sowie die königlich-sächsischen Hoffotografen Römmler & Jonas dem Fürstenzug von Wilhelm Adolf Walther eine „Seiner Majestät dem Allerdurchlauchtigsten Fürsten und Herrn Albert König von Sachsens unterthänigst gewidmete“ Lichtdruck-Mappe (Format 48 x 33 cm), die auf neun Tafeln Walthers Meisterwerk abbildete. Allerdings etwas verkürzt unter Verzicht jener Felder am Anfang und Ende, auf welchen je ein Gedicht von Professor Julius Hübner auf das Haus Wettin zu finden ist. Diese sind nur in der von Ad. Stern verfassten Einleitung zur Mappe publiziert:

„Wie ein Wahrzeichen jener zusammendrängenden Erinnerung, die im Wechsel der geschichtlichen Ereignisse Jahrzehnte und Jahrhunderte rasch überblickt und an einzelne hervorragende Gestalten das Gedächtnis ganzer Zeiten knüpft, erscheint jener ‚Fürstenzug‘, welcher neuerlich, als Sgraffitofries, die Außenwand des Stallgebäudes des königlichen Residenzschlosses zu Dresden schmückt und von dem die nachfolgenden Blätter ein treues Abbild geben. Die Jahrzehnte und Jahrhunderte der sächsischen Geschichte gleiten hier in den Gestalten des Künstlers am Auge und an der Seele vorüber und der lebendigen Phantasie öffnet sich zwischen jeder Gruppe des Zuges ein Aus- und Rückblick nicht nur in die vergangenen Geschicke des sächsischen, engeren Landes, sondern auch in diejenigen des großen Vaterlandes … Denn – wie der Spruch zu Anfang des Zuges mahnt:

Ein Fürstenstamm, dess Heldenlauf
Reicht bis zu unsern Tagen,
In grauer Vorzeit ging er auf
Mit unsers Volkes Sagen!

und wenn der Beschauer selbst rasch von Gruppe zu Gruppe geführt wird, und von Konrad von Wettin, dem ersten erblichen Markgrafen von Meißen, bis zum regierenden Herrscher Sachsens, dem Helden von St. Privat und Sedan, in wenigen Minuten zu gelangen vermag, so gemahnen ihn doch schon die ersten Gestalten an Sagen und beglaubigte Kunden, die in ihm nachklingen und von der Betrachtung des Frieses erneut werden … So entrollt sich in rascher Folge mit lebendigen Zügen ein Bild der Vergangenheit Sachsens in den Gestalten seiner Herrscher. Die Umrahmung des reichen Bildes, das gleich einem Teppich die Wand des Stallgebäudes schmückt, zeigt über Frucht- und Laubschnüren die Tafeln mit den Namen der Fürsten, zwischen den Zweigen und Gewinden, die Wappen der Länder und Landschaften, die je unter dem Regiment des Hauses Wettin gestanden haben. In dankbarer Erinnerung und froher Hoffnung schließt eine Volksgruppe, zusammengesetzt aus Vertretern der verschiedensten Stände, den reichen Zug und der Beschauer stimmt in die poetische Deutung ihres Jubels ein:

Du alter Stamm sei stets erneut
In edler Fürstenreihe,
Wie allezeit Dein Volk Dir weiht
Die alte deutsche Treue.“

Der anonyme Führer des Zuges reitet den Musikern, die mit klingendem Spiel aufwarten, in mittelalterlicher Tracht voran. In dieser Gruppe lässt der Künstler seiner Fantasie freien Lauf, walten die freieste und lebendigste Bewegung. Die Gesichter der Musikanten scheinen Befriedigung über die ihnen widerfahrene hohe Ehre auszustrahlen, den imposanten, stolzen Zug eröffnen zu dürfen. Bannerträger zu Fuß, darunter kräftig-trotzige Gestalten mit den Wappen der Markgrafschaft Meißen und des Hauses Wettin, folgen. Hier wird eindrucksvoll demonstriert, dass der lebenslang reisende und so regierende mittelalterliche Fürst niemals allein übers Land zog, wenn er in seinen Burgen, Ländereien und Städten nach dem Rechten sah. Adlige Herren und Diener begleiteten ihn, Musiker zogen vor ihm her, um die Aufmerksamkeit auf sein Erscheinen zu lenken.

Ein Knappe hält das Zaumzeug von **Markgraf Konrad**, der nach neuerer Forschung nicht erst 1127, sondern bereits ab 1123 über die Mark Meißen verfügte. Der Begründer der erblichen Herrschaft des Hauses Wettin reitet allein. Der Slawenbesieger und Kreuzfahrer segnet mit erhobenen Händen die Zukunft seines Hauses und Landes. Dem Ahnherren folgen in derselben Gruppe Sohn und Enkel: **Otto der Reiche** – der Begründer des Freiberger Silberbergbaus – und dessen Sohn **Albrecht der Stolze**. Letzterer ohne Grund mit Krone und Hermelinmantel ausgestattet. Denn er war ebenfalls Markgraf und nicht König, gehörte in jener fehdelustigen Zeit zu den Männern, die von Streit zu Streit eilten, ohne einen sichtbaren Erfolg ihres rastlosen Lebens zu gewinnen. Von Bannerträger und Herold angekündigt, erscheint zurückgesetzt der wenig glanzvolle **Dietrich der Bedrängte**.

Prachtvoll gekleidet hält **Heinrich der Erlauchte** als Mann des Minnesanges Pergamente in der Hand. Eichenblatt und Rose künden von seinem lauteren Charakter. Das Schwert von Ruhmestaten – er erwarb neben Thüringen das Pleißner Land. Anders sieht es mit **Albrecht II., dem Entarteten**, aus, unter dem eine Distel wächst. Das sich emporbäumende Ross des brutal-ruchlosen Geistes vermag der Knappe aus der Sippe derer von Einsiedel kaum zu bändigen. Es folgen **Friedrich der Freidige (der Gebissene)** und **Friedrich der Ernsthafte**. Letzterer ist in jugendlichem Alter gemalt, weil bereits jung die Macht in seine Hände kam. Der linke Hinterhuf des Pferdes tritt auf eine am Wege wachsende Kaiserkrone – Sinnbild für seinen Verzicht auf die Kaiserwürde zugunsten Karls IV. In voller Rüstung reitet **Friedrich der Strenge** – der letzte der erblichen meißnischen Markgrafen.

Friedrich der Streitbare – der erste Kurfürst aus dem Hause Wettin – ist von Herolden und Läufern umgeben, erscheint im Prachtschmuck seiner neuen Würde. Beinahe lässig liegt das Kurschwert auf seiner rechten Schulter. Als eine Lichtgestalt Sachsens reitet der Kriegsfürst, der Vertilger der letzten Raubritter auf sächsischem Boden, der Hussitenbekämpfer und Gründer der Universität Leipzig. Als nächste Gruppe folgen **Friedrich der Sanftmütige** mit seinen Söhnen **Ernst** und **Albrecht dem Beherzten**. Die durch verbundene Hände ausgedrückte Hoffnung des Vaters auf Einigkeit der Brüder ist nicht von Dauer. Ernst mit dem Kurhut, der später die verhängnisvolle Leipziger Teilung betreibt und Thüringen erhält, blickt den Vater schon zweifelnd an. Im Vordergrund Herzog Albrecht, der die albertinische Linie begründet, die bis 1918 – zuletzt als Könige – in Dresden regiert.

Der Künstler hat noch jene drei Ernestiner eingefügt, die bis zur Wittenberger Kapitulation von 1547 größere Teile des späteren Sachsen beherrschten und ewig mit der deutschen Reformation verknüpft sind: Kurfürst **Friedrich III., der Weise**, Gönner Martin Luthers, sein ebenfalls zur Kurwürde gelangter jüngerer Bruder **Johann der Beständige** und dessen Sohn **Johann Friedrich I., der Großmütige**, welcher seinen Kurhut an den ins Land eingefallenen Vetter Moritz aus der Linie der albertinischen Wettiner verlor. Diesen drei folgen Albrechts ungleiche Söhne: der harte Verfechter des Katholizismus **Georg der Bärtige** und **Heinrich der Fromme**, unter dessen Regentschaft die neue Kirchenlehre auch vom albertinischen Sachsen Besitz ergriff. Vorläufer in der charakteristischen Tracht des 16. Jahrhunderts samt einem Mohren bilden die Trennlinie zur nächsten Zweier-Fürstengruppe.

Auf stolz emporsteigendem Schlachtross naht mit **Moritz** der größte und staatsklügste Herzog seines Hauses, durch den die Kurlande vom ernestinischen an den albertinischen Stamm übergingen und der 1553 den Heldentod starb. Ihm folgt der als Friedensfürst, Wissenschaftler und Museums-Gründer gepriesene Bruder **August I.** in spanischer Tracht. Hinter ihm reiten sein unter Alkoholsucht leidender Sohn **Christian I.**, dessen fettsüchtiger Sohn **Christian II.** und sein weder besonders tatkräftiger noch energiereicher, jedoch die Musik liebender Bruder **Johann Georg I.** Letzterer herrschte in der großen Leidens- und Elendszeit des 30-jährigen Krieges, dem die Verwüstungen allerdings genügend Wölfe und Bären für seine Jagdlust ließen. Die Defensioner hinter seinem Ross erinnern an die Begründung des stehenden Heeres unter seiner Regierung.

Drei Johann Georgs sind zu einer Gruppe vereint: **Johann Georg II.**, sein Sohn, der als „sächsischer Mars“ in die Geschichtsbücher eingegangene **Johann Georg III.** und dessen von Leidenschaften zerrissener Nachkömmling **Johann Georg IV.**, dem nur zweieinhalb Jahre Regentschaft vergönnt waren. Wie kaum ein anderer durch Pracht der äußeren Erscheinung, Gestalt und Haltung hervortretend folgt ihm solitär sein jüngerer Bruder, der zum Katholizismus zurückgekehrte sächsische Kurfürst Friedrich August I. Mittels Konversion und gigantischen Bestechungssummen errang er als **August II.** die polnische Königskrone, verschönerte Dresden mit verschwenderisch-aufwendigen Barockbauwerken. Nur halb hervortretend sein Sohn Friedrich August II., welcher als **August III.** ebenfalls König von Polen wurde. Kunstliebend, feinsinnig und verweichlicht war er das Gegenteil eines Machtmenschen.

Hellebardiere und Gardisten in der Tracht des 18. Jahrhunderts trennen die beiden Polen-Könige von den letzten Gruppen: dem nur 74 Tage im Amt verweilenden **Friedrich Christian** und dem 59 Jahre regierenden **Friedrich August III., dem Gerechten**, der als erster Wettiner 1806 König durch Napoleons Gnaden wurde, sich seitdem **Friedrich August I.** nannte. Es folgen die Könige **Anton der Gütige** und **Friedrich August II.** Etwas hervorgehoben König **Johann**, der Gelehrte und Dichter auf dem Thron, welcher unter dem Pseudonym „Philaletes“ Dantes „Göttliche Komödie“ übersetzte. Seine Söhne **Albert** und **Georg**, Letzterer war zum Zeitpunkt der Vollendung des Fürstenzuges nur Kronprinz, beschließen die imposante Monarchen-Reihe aus sieben Jahrhunderten. Zu Fuß folgt ein Grenadier: Georg von Vitzthum – das Haus-Wappen am Ärmel identifiziert ihn!

Vier Krieger verschiedener Waffengattungen des 19. Jahrhunderts – alles vom Künstler porträtierte Vertreter uradeliger Sippen – laufen am rechten Rand der Bildtafel: Ein Artillerist aus der Familie von Metzradt, ein von Nostitz als Ulan, ein von Posern als Gardereiter sowie ein von Lüttichau als Schütze. Der Schlussgruppe gehen drei Fahnenträger voran: Student Heinrich Gustav von Erdmannsdorf mit der Fahne der Universität Leipzig, Wilhelm Walthers Sohn Johannes mit der Kreuzschul-Fahne und dessen Freund Karl Adolf Wirthgen mit der Fahne der Technischen Hochschule Dresden. Alle sich anschließenden Persönlichkeiten – Mitglieder des Akademischen Rates der Kunstakademie, Dresdner Honoratioren, Helfer des Künstlers sowie der Schöpfer des Fürstenzuges selbst – sind bereits im vorangegangenen Kapitel auf Seite 53 genannt. Die drei Kinder verleihen dem Ganzen eine liebliche Note.

Weißes Gold für das weltgrößte Wandbild aus Meissener Porzellan®

Er war für die Ewigkeit gedacht, begann aber schon nach 25 Jahren zu bröckeln! Unter die Putzschichten dringende Feuchtigkeit zersetzte um 1901 den prachtvollen Fürstenzug von der Mitte der Langen Wand her. Bei der Fehlersuche stieß man neben den für das Sgraffito schädlichen klimatischen Gegebenheiten im Elbtal auf die ungenügende Untergrundbehandlung im Jahre 1872. Noch 1902 hoffte das Landbauamt Dresden auf eine Sanierung, ließ Hofdekorationsmaler Julius Schultz unter Mitwirkung des pensionierten Schöpfers Wilhelm Walther 20 Quadratmeter ausbessern. Rasch war klar, dass der fortgeschrittene Verfall eine Sanierung des Kolossalgemäldes kaum empfehlenswert machte. Das Innenministerium lehnte es darüber hinaus ab, Gelder für die komplette Neuherstellung mit Kaseinfarben bereitzustellen. So war das Ende einer Dresdner Attraktion absehbar.

Rettung in der ausweglosen Situation kam von unerwarteter Seite. Oberbergrat Dr. Julius Ludwig Ferdinand Heintze (1846–1931), Chemiker und Erfinder einer Palette von Scharffeuerfarben sowie des Kupferoxydulrots als Unterglasurfarbe, damals technischer Direktor der Königlichen Porzellanmanufaktur Meissen, suchte neue Anwendungsgebiete für das Weiße Gold aus Sachsen. 1708 hatte der Apothekerlehrling

1903 geschaffenes Probebild von Markgraf Friedrich dem Ernsthaften aus Meissener Porzellan®-Fliesen an einem Seitenflügel der Staatlichen Porzellan-Manufaktur Meissen®

und Schutzhäftling Johann Friedrich Böttger (1682–1719) mit Freiberger Bergwerks- und Hüttenfachleuten um Gottfried Pabst von Ohain (1656–1729) sowie dem Universalgelehrten Ehrenfried Walther von Tschirnhaus (1651–1708) im Auftrag des Landesherren das edelsteinartige, leuchtend weiße Meissener Porzellan® – Europas erstes Porzellan, ein Hartporzellan – erfunden. Auf Befehl Augusts des Starken war am 7. März 1710 die „Königlich-Polnische und Kurfürstlich-Sächsische Porzellan-Manufaktur" in der zur Bewahrung des Arkanums streng abgeschirmten Albrechtsburg Meißen – der Wiege Sachsens – gegründet worden. Als die räumlichen Gegebenheiten der alten Wettiner-Residenz einer weiteren Entfaltung der Produktion entgegenstanden, legte man im benachbarten Meißner Triebischtal den Grundstein für einen Neubau. Der Umzug aller Abteilungen an den Ort, welcher bis heute alleinige Produktionsstätte für das älteste Markenprodukt Deutschlands ist, war 1865 komplett abgeschlossen. Nach der Wende vom 19. zum 20. Jahrhundert beschäftigte die Manufaktur über 1000 Mitarbeiter. Weil man bei Produkten für Tisch und Tafel, bei Plastiken, Leuchtern, Spiegeln und anderem Interieur neben Althergebrachtem mit dem Zeitgeschmack ging, Entwürfe namhafter Künstler ankaufte, ein eigenes Filialnetz betrieb, sich auf Weltausstellungen präsentierte und bis nach Amerika exportierte, konnten beachtliche Überschüsse erwirtschaftet werden. Doch Visionär Heintze erkannte – als er von den Problemen mit dem Fürstenzug hörte – die Chance einer Erweiterung des Betätigungsfeldes auf architektonisches Gebiet. Bereits August der Starke hatte von der Umgestaltung des Japanischen Palais in Dresden als Porzellanschloss geträumt, wünschte das Dach aus goldumrandeten Porzellanziegeln, was nie erfolgte.

Dieses im Sommer 1907 entstandene Foto zeigt das Gerüst, von dem aus die Porzellanfliesen des Fürstenzuges innerhalb von vier Monaten an der Langen Wand befestigt wurden.

Nach einem völlig neuen Verfahren ließ Heintze um 1902/03 an unverwüstlichen Wandfliesen für die Ewigkeit experimentieren. Heraus kam ein superfestes und für jede Oberflächenvergütung geeignetes exklusives Material, welches allen Umwelteinflüssen standhalten konnte. Der Hartporzellanmasse mengte man dafür z. B. gemahlene blaue Porzellanscherben bei. Alles wurde unter 150 Atmosphären Druck trockengepresst, bei 1380 Grad im Gutfeuer gebrannt, auf Maß geschliffen, mit einer Grundfarbschicht überzogen und nochmals bei 1350 Grad gebrannt. Auf der Basis eines der Walther'schen Originalkartons brachte die Manufaktur im Frühjahr 1903 im Obergeschoss eines Seitenflügels des Manufakturgebäudes ein neun Quadratmeter großes Probebild an. Das Halbporträt von Markgraf Friedrich dem Ernsthaften wurde von König Georg von Sachsen höchstpersönlich besichtigt. Monarch und Experten hielten es für dermaßen gelungen, dass die Würfel für einen neuen Fürstenzug aus Meissener Porzellan® schnell gefallen waren. Der sächsische Landtag bewilligte die Gelder und am 20. Oktober 1904 schloss das Landbauamt Dresden II mit der Königlichen Porzellanmanufaktur den Werkvertrag. Dieses 994,29 Quadratmeter große Wandgemälde von 10,51 Meter Höhe und 101,90 Meter Breite (abzüglich 18 Fenstern) aus 25 000 Meissener Platten wurde zum Festpreis von 60 000 Mark hergestellt. Die Vorbereitung der Langen Wand mit dem Entfernen der Sgraffitomalerei übernahm das Landbauamt auf seine Kostenstelle. Für das fugenlose Aufbringen der Fliesen mit nichttreibendem und nichtausblühendem Zement (nur messingene und bronzene Dübel waren erlaubt) wurden zusätzlich 5,70 Mark je Quadratmeter kalkuliert.

Bereits im September 1904 beförderte man alle 91 Originalzeichnungen nebst der Riesen-Pausen per eigenem Botenfuhrwerk von Dresden nach Meißen. Doch mit dem Fortgang der Arbeiten – im Frühjahr 1905 war schon ein Viertel der Fliesen fertig – stand die ausführende Manufaktur plötzlich vor einem höchst brisanten Problem, das in Majestätsbeleidigung enden konnte. Dresdens Sgraffito-Fürstenzug schloss mit den Gestalten von König Albert und Kronprinz Georg ab. Doch am 15. Oktober 1904 hatte auch der 1902 hochbetagt

auf den Thron gelangte Georg in Pillnitz das Zeitliche gesegnet. Der auf dem Fürstenzug bislang überhaupt nicht in Erscheinung getretene König Friedrich August III. (1865–1932) übernahm am gleichen Tag die Regentschaft. Pflichtschuldigst fragte die Manufaktur deshalb am 29. April 1905 beim übergeordneten Finanzministerium an, ob die Reiter etwas zusammengerückt und der jetzige König sowie sein zwölfjähriger Kronprinz Georg (1893–1943) noch auf dem Wandbild Platz finden sollten. Es zeugt für die sprichwörtliche Bescheidenheit und Volkstümlichkeit des letzten Sachsen-Königs, der das Ende der Monarchie nach 829 Jahren im Jahre 1918 nicht vorausahnte, dass er davon Abstand nahm, sich und seinen ältesten Sohn in den Ahnenfries hineinzudrängeln. Die überlieferte Order von Finanzminister Konrad Wilhelm von Rüger (1837–1916) lautete: „Das Gemälde ist historisch geworden und muss gerade so bleiben, wie es ist.“ Zehn Maler übertrugen die Bilder in natürlicher Größe auf die Fliesen. In 50 großen Ofenbränden erfolgte der Scharffeuerbrand. Von April bis Juli 1907 kamen alle Meissener® Fliesen an die Lange Wand. Das Kunstwerk überstand die Gluthitze des Infernos von Dresden vom 13./14. Februar 1945, in der das Residenzschloss bis auf die Grundmauern niederbrannte, nahezu unbeschadet. Keine einzige Fliese löste sich vom Untergrund. Lediglich 212 durch Bombensplitter zerstörte Porzellanfliesen mussten später erneuert sowie das komplette Wandgemälde vom Ruß des Feuersturms gereinigt werden. Dank des einzigartigen, unverwüstlichen Porzellanmaterials glänzt der Dresdner Fürstenzug nach weit über 100 Jahren heute fast so frisch wie am ersten Tage.

Seit 1907 ist der Fürstenzug aus 25 000 fugenlos verlegten Meissener Porzellan®-Fliesen eine Dresdner Touristenattraktion.

Sachsens Markgrafen, Herzöge, Kurfürsten und Könige bis 1918

Früheste Ahnen, Name Wettin

Aus dem Dunkel der Geschichte tauchen als Ahnherren um 822 ein *Graf Rikbert I.*, später ein *Graf Friedrich I.* (um 875) im Harzgau und ein *Graf Burkard* als Inhaber der sorbischen Mark auf. Im Kampf gegen die Ungarn verlor Burkard 908 sein Leben. Sein Enkel Dedi war ein tapferer Recke und ein Verwaltungsgenie, wurde von Kaiser Otto (912–973) mit der Bewachung von Burgen an der Saale betraut. Selbst residierte man auf der Burg Goseck bei Naumburg. Später errangen die Grafen die schöne Burg Wettin auf einem Porphyrfels 20 Kilometer nordwestlich von Halle (961 als „Vitin“ erwähnt). Sie wurde Stammsitz des Geschlechts, gab der Familie ihren Namen.

Die Stammburg Wettin an der Saale im Jahre 2011

Erstbelehnung mit Mark Meißen 1089

Die nach ihrer Stammburg benannten Wettiner begleiteten mit kampferprobten Männern den Kaiser auf seinem Italien-Feldzug, bewährten sich gegen aus Polen einfallende Slawen, machten sich bei der Rückeroberung der Niederlausitz verdient. Kaiser und Könige revanchierten sich großzügig, gaben den Wettinern Ländereien als Lehen. So verlieh Kaiser Heinrich IV. (1050–1106) am 1. Februar 1089 dem Wettiner Grafen *Heinrich I. von Eilenburg* (1070–1103) die Meißner Markgrafenwürde und damit die riesige Markgrafschaft Meißen. Dies bestätigt eine kaiserliche Urkunde vom 14. Februar 1090. Die Reichsburg Meißen – 929 von König Heinrich I. (876–936) gegründet – wurde neue Stammburg der Wettiner. 1989 beging das damals im Exil lebende Haus Wettin mit einer Festwoche in Regensburg die 900-Jahr-Feier. Der Titel eines Markgrafen von Meißen gebührt heute dem Chef des Hauses Wettin.

Die Meißner Albrechtsburg reckt sich seit über 1000 Jahren über der Elbe.

Mit diesem 35 Herrscher des Hauses Wettin aus neun Jahrhunderten präsentierenden Leporello des Dresdner Fürstenzuges gewinnen Sie einen exklusiven Eindruck vom weltgrößten Monumentalfries aus Meissener Porzellan®. Klappen Sie die Panoramatafeln auf und vertiefen Sie sich in historische Gestalten einer der faszinierendsten deutschen Dynastien, welche 928 Jahre lang Sachsen und Thüringen regierte. Auf den dann nachfolgenden Seiten finden Sie Informationen zu allen Markgrafen, Herzögen, Kurfürsten und Königen der albertinischen Linie der Wettiner bis 1918 samt ihren genealogischen Daten.

Konrad der Große 1123–1156

Der Sohn Heinrichs I. von Eilenburg, Heinrich II. von Eilenburg (1103–1123), war beim Tode seines Vaters unmündig, er starb kinderlos im Alter von 20 Jahren. Deshalb wurde der Vetter Heinrichs I., Konrad der Große, zum Begründer der ununterbrochenen wettinischen Herrschaftsfolge im Mannesstamm bis zum Ende der Monarchie 1918. Nachdem er anstelle seines älteren Bruders Dedo IV. das Erbe angetreten hatte, wuchs das Territorium der Wettiner. Vor 1116 erbte er die Besitzungen Dietrichs von Brehna und Wilhelms von Camburg und nach 1123 die Grafschaft Eilenburg. 1123 wurde er als Markgraf von Meißen eingesetzt. 1136 erhielt er die Ober- und Niederlausitz. Ihm fiel durch das Aussterben der Grafen von Groitzsch auch deren Herrschaft zu. Konrad bezeichnete sich als „Marchio Saxoniae" und als „durch Gottes Gnade unter den Fürsten Sachsens alleiniger Besitzer und Schützer der meißnischen Mark". Er wurde der mächtigste Fürst zwischen Saale und Oder, beteiligte sich 1147 am Wendenkreuzzug zur Christianisierung der Slawen und beförderte 1145 durch den Besuch der Heiligen Stätten in Jerusalem sein Seelenheil. Schon 1124 hatte er auf dem Petersberg nördlich von Halle ein Augustiner-Chorherrenstift gegründet, in das er am 30. November 1156, der Welt entsagend, eintrat. Vorher hatte er mit Genehmigung des Kaisers seine Länder unter seinen fünf Söhnen aufgeteilt. Dadurch entstanden die Linien Meißen, Niederlausitz, Wettin, Groitzsch (Rochlitz) und Brehna.

* 1098 oder 1099 – † 05.02.1157 Petersberg

Amtsantritt: 1123

Begräbnisstätte: Kloster Petersberg

∞ zwischen 1116 und 1119 Luitgard Gräfin (aus Schwaben), † 19.06.1145 Kloster Gerbstedt

Kinder:
Heinrich, † jung
Otto der Reiche, † 18.02.1190
Oda (Äbtissin zu Gerbstedt um 1137)
Bertha (Äbtissin zu Gerbstedt 1190)
Dietrich, * vor 27.02.1142,
† Kloster Petersberg 09.02.1185
Gertrud
Adela
Heinrich I., * vor 27.02.1142, † 30.08.1181
Dedo V. , * vor 27.02.1142, † 16.08.1190
Sophia
Agnes, † 21.01.1203
Friedrich I., * zwischen 27.02.1142 und 19.05.1142, † 04.01.1182

Markgraf Konrad der Große
in der Spalatin-Chronik von 1515/17

Markgraf Otto der Reiche,
unbekannter Dresdner Hofmaler vor 1728

Otto der Reiche 1156–1190

Die Geschichte verlieh dem Sohn des Markgrafen Konrad den Namen „Otto der Reiche", weil er Sachsen sagenhaft reich machte. Bei der Landesteilung durch seinen Vater war ihm 1156 die Markgrafschaft Meißen zugefallen. Sachsen war außer mit den Sorbenwenden der Lausitz damals kaum besiedelt. Hier und dort ragte aus dichten Wäldern eine alte Kaiserburg. Ansonsten waren nur Auerochs, Bär und Wildschwein zu sehen. Doch seit Mitte des 12. Jahrhunderts strömten aus der Alpenregion Hunderttausende Bauern in die unbesiedelten Ostregionen. Markgraf Otto gab ihnen Siedlungsland zum Anlegen neuer Dörfer, ließ für sie sogar Wälder roden. 1165 verlieh er Leipzig das Stadtrecht, gründete später Grimma, Naunhof und weitere Städte.

Als im Jahre 1168 Fuhrleute bei Christiansdorf eine Silbererzader entdeckten, griff der kluge Markgraf ein. Dicht neben der Fundstelle errichtete er einen Herrenhof, von wo aus die Silbererzgewinnung unterstützt und überwacht wurde. Das Silber – es machte Sachsen, seine Markgrafen und Fürsten über Jahrhunderte schwer reich. Denn den Herrschern gehörte jeder zehnte Teil des geschürften Erzes. Aus Christiansdorf wurde die stolze Bergstadt Freiberg. Otto stärkte durch Klostergründungen – beispielsweise im Jahre 1162 Altzelle für die Zisterzienser bei Nossen – seine Macht.

† 1190

Amtsantritt: 1156

Begräbnisstätte: Fürstenkapelle Kloster Altzella

∞ Hedwig Gräfin von Brandenburg, † Ende März 1203

Kinder:
Albrecht der Stolze, † Krummenhennersdorf 24.06.1195
Dietrich der Bedrängte, † 17.02.1221
Sophia
Adela, † Meißen 01.02.1211

Albrecht der Stolze 1190–1195

Der älteste Sohn Ottos des Reichen trat zuerst in einer Fehde gegen seinen Vater in Erscheinung. Dabei setzte er diesen 1188 sogar in der Burg Döben bei Grimma gefangen. Erst Kaiser Friedrich I., Barbarossa (1124–1190), erwirkte die Freilassung. Nach des Vaters Tod übernahm Albrecht die Markgrafschaft Meißen. Damit begnügte er sich aber nicht, wollte mit Gewalt an die Güter des Bruders Dietrich. Der holte sich Hilfe, verfolgte Albrecht den Stolzen 1194 bis kurz vor den Petersberg. Zu einer Aussöhnung kam es nie. Denn ein Verräter vergiftete Albrecht in Freiberg. Diener konnten ihn in der Sänfte nicht mehr lebend bis nach Meißen tragen. Auf dem Weg verstarb er am 24. Juni 1195 in Krummenhennersdorf.

† 24.06.1195 Krummenhennersdorf

Amtsantritt: 1190

Begräbnisstätte: Fürstenkapelle Kloster Altzella

∞ Aussig 23.04.1186 Sophia Prinzessin von Böhmen, † 25.03.1195

Kinder:
Christina (lebte noch 1251)

Markgraf Albrecht der Stolze
auf dem Fürstenzug

Markgraf Dietrich der Bedrängte,
unbekannter Dresdner Hofmaler vor 1728

Dietrich der Bedrängte 1195–1221

Der Markgraf erhielt nach dem Vater die Grafschaft Weißenfels und setzte sich nach dem Tod des Bruders 1195 gewaltsam in den Besitz der ihm vom Kaiser vorenthaltenen Mark Meißen. Erst im Jahre 1199 wurde er damit belehnt. Nach dem Tode des Markgrafen Konrad 1210 erbte er noch dessen Niederlausitz, Groitzsch und Eilenburg. Der Gründer zahlreicher Klöster, der auch mehreren Städten Stadtrecht verlieh, soll durch Gift gestorben sein.

† 17.02.1221

Amtsantritt: 1195

Begräbnisstätte: Fürstenkapelle Kloster Altzella

∞ vor 24.06.1195 oder vor 05.01.1197 Jutta Gräfin von Thüringen, † 6.08.1235

Kinder:
Hedwig, † lange vor 02.02.1249
Otto, † jung, spätestens 1214
Sophia, † 17.03.1280
Conrad (Mönch im Kloster Petersberg zu Erfurt 1220)
Jutta
Heinrich der Erlauchte, * nach 30.08.1215, vor 20.07.1216, † vor 08.02.1288
Dietrich, † 22.09.1272
Heinrich, † 31.07.1259

Heinrich der Erlauchte 1221–1288

1221 unter Vormundschaft die Herrschaft angetreten und 1230 mündig gesprochen, wurde Markgraf Heinrich der Erlauchte der berühmteste Wettiner des Mittelalters. Chronisten rühmten ihn als strahlenden Jüngling, als mutigen Gotteskrieger, als Klostergründer. Er war ein Minnesänger, von dem sechs Dichtungen in der Manessehandschrift überliefert sind. Seine Kompositionen erklangen in den Kirchen des Landes. 1237 zog er mit 500 Rittern, einem Großaufgebot an Knechten und riesigem Tross auf Kreuzzug gegen die heidnischen Preußen, die damals noch Pruzzen hießen. Als 1247 das thüringische Landgrafengeschlecht der Ludowinger ausstarb, machte Heinrich Ansprüche geltend. Vom Kaiser erhielt er die Belehnung. Schließlich hatte er die Herrschaft über vier Reichsfürstentümer: die Markgrafschaft Meißen, die Ostmark oder Niederlausitz, die Landgrafschaft Thüringen und die Pfalz Sachsen an der unteren Unstrut mit der Kyffhäuser-Kaiserburg. Der Besitz war so groß geworden, dass er ihn 1263 aufteilte. Ostmark und Mark Meißen behielt er, Sohn Albrecht wurde Pfalzgraf von Sachsen und Landgraf von Thüringen, Sohn Dietrich erhielt die neu gebildete Mark Landsberg. Heinrich der Erlauchte weilte in seinen letzten Jahrzehnten häufig im Elbtal, hielt in Liebethal bei Pirna, Seußlitz oder Tharandt Hof, wählte als erster Wettiner Dresden zu seiner Residenz. Für einen Splitter aus dem Kreuze Jesu Christi, den seine erste Gemahlin 1234 als Mitgift eingebracht hatte, wurde in Dresden an die Nicolaikirche, später Kreuzkirche, eine Kreuzkapelle angebaut. Zu seinen Verdiensten zählt auch die Errichtung einer Burg und einer steinernen Elbbrücke in Dresden.

Markgraf Heinrich der Erlauchte von Meißen und Thüringen bei der Falkenjagd,
Malerei aus der Manessischen Liederhandschrift

* nach 30.08.1215 und vor 20.07.1216, † vor 08.02.1288

Amtsantritt: 1221

Begräbnisstätte: Fürstenkapelle Kloster Altzella

1. ∞ Stadlau 01.05.1234 Constantia Prinzessin von Österreich, * 06.05.1212 (?), † vor 05.06.1243
2. ∞ Ende 1244 oder 1245 Agnes Prinzessin von Böhmen, † 10.10.1268
3. ∞ nach 1268 und vor 1273 Elisabeth von Maltitz, * 1238–1239, † 25.01.1333

Kinder:
Albrecht der Entartete, * 1240, † Erfurt 20.11.1315
Dietrich der Weise (der Fette), * 1242, † 08.02.1285
Hedwig
Adelheid (Äbtissin zu Weißenfels um 1304)
Friedrich Clem, * 1273, † 25.04.1316
Hermann

Markgraf Albrecht II., der Entartete, auf dem Fürstenzug

Albrecht II., der Entartete 1288–1307

Er war ein seelisch roher Mann mit unkontrollierten Trieben, der sein Erbe verschleuderte, Ländereien verkaufte, wilde Ehen einging, die Hand gegen den eigenen Vater erhob und sich mit den Söhnen bekriegte. Mit seiner ersten Hochzeit schaffte er den Aufstieg in die höchsten Herrscherfamilien Europas. Seit 1265 verwaltete er Thüringen und die Pfalzgrafschaft Sachsen. Doch 1291 verkaufte er die Markgrafschaft Landsberg an Brandenburg, Thüringen an König Adolf. Nach Jahrzehnten unseligen Treibens konnte ihn am 18. Januar 1307 sein Sohn Friedrich zur Abdankung nötigen. Als er nach acht Jahren in Erfurt verstarb, wurde seinem Leichnam die Aufnahme in eins der wettinischen Hausklöster verwehrt.

* 1240, † 20.11.1315 Erfurt

Amtsantritt: 1288

Begräbnisstätte: Marienkirche zu Erfurt

1. ∞ 1254 o. 1255 Margareta Prinzessin von Staufen
   * 1237 Grätz (?), † 08.08.1270 Frankfurt a. Main
2. ∞ nach 1270 Cunigunde von Eisenberg, † 31.10.1286
3. ∞ vor 01.10.1290 Elisabeth Gräfin von Orlamünde, † nach 24.03.1333

Kinder:
Heinrich, * 21.03.1256, † 25.01. – 23.07.1282
Friedrich der Freidige (der Gebissene), * 1257, † auf der Wartburg 16.11.1323
Dietrich (Diezmann), * 1260, † Leipzig 10.12.1307
Margareta (urkundlich erwähnt 17.04.1273)
Agnes, * vor 1264, † lebte noch 09.1332
Albrecht, * vor 1270, † nach 27.06.1301, spätestens 1305
Elisabeth, * vor 1270, † nach 23.04.1326

Markgraf Friedrich der Freidige auf dem Fürstenzug

Friedrich der Freidige (der Gebissene) 1291–1323

Nach dem Tod seines Vetters Friedrich Tuta (1269–1291) erhielt Friedrich der Freidige, der schon 1281 in den Besitz der Pfalz Sachsen (um Lauchstädt und untere Unstrut) gekommen war, die Mark Meißen. Zusammen mit Bruder Dietrich bzw. Diezmann (1260–1307) musste er Jahrzehnte um sein Land kämpfen. Zeitweilig waren die Brüder ihres gesamten Territoriums beraubt, denn vier Könige wollten die Markgrafschaft Meißen mit ihren reichen Erzvorkommen bei Freiberg für sich vereinnahmen. Bis 1296 hatte König Adolf von Nassau durch Kauf bzw. Besetzung Thüringen und Meißen nebst Freiberg in seinen Besitz gebracht. Markgraf Friedrich der Freidige musste nach Tirol flüchten. Erst Ende Mai 1307 konnte er mit Diezmann das königliche Heer bei Lucka südlich Leipzigs besiegen, später allein Thüringen, Meißen und Pleißenland regieren. Dem langen zähen Kampf des Mannes, dem eine Bisswunde im Gesicht den Beinamen gab – freidig steht für frisch, munter und kühn –, ist das Fortbestehen der wettinischen Territorialmacht zu verdanken.

* 1257, † 16.11.1323 auf d. Wartburg

Amtsantritt: 1291

Begräbnisstätte: Katharinenkloster Eisenach

1. ∞ 1286 Agnes Gräfin von Görz und Tirol, † 14.05.1291
2. ∞ 24.08.1300 Gräfin von Lobdaburg-Arnshaugk, * 1286, † 22.08.1359 Gotha

Kinder:
Friedrich der Lahme, * 09.05.1293, † Zwenkau 13.01.1315
Elisabeth, * 1306, † 1368
Friedrich der Ernsthafte, * Gotha 30.11.(?)1310, † auf der Wartburg 18.11.1349

Friedrich der Ernsthafte 1323–1349

Durch die Ehe mit Mechthild Prinzessin von Bayern wurde Markgraf Friedrich der Ernsthafte zum Schwiegersohn des deutschen Königs und römischen Kaisers Ludwig IV. (1282 o. 1286–1347). Dieser verpfändete ihm das Pleißenland. 1329 erwarb Friedrich der Ernsthafte die Reichsburggrafschaften Altenburg und Leisnig. Altenburg ist seitdem ein wichtiger Sitz der Wettiner. Fehden beendend, unterwarf sich Friedrich die in Thüringen ansässigen Häuser Schwarzburg und Weimar-Orlamünde. Als in seinem letzten Lebensjahr die Pest über Sachsen hereinbrach, billigte der Markgraf Fastnachtsdienstag die aus Unwissenheit und Glaubenshass geborene Verbrennung der Dresdner Juden.

* 30.11.(?)1310 Gotha, † 18.11.1349 auf der Wartburg

Amtsantritt: 1323

Begräbnisstätte: Fürstenkapelle Kloster Altzella

∞ 1328 Mechthild Prinzessin von Bayern, * um 1309, † 02.07.1346

Kinder:
Elisabeth, * auf der Wartburg 22.11.1329, † 21.04.1375
Friedrich, * 1330, † 06.12.1330
Friedrich der Strenge, * Dresden 14.10.1332, † 25.05.1381
Balthasar, * Weißenfels 21.12.1336, † auf der Wartburg 18.05.1406
Beatrix, * auf der Wartburg 01.09.1339, † Seußlitz (?) 25.07.1399
Ludwig, * auf der Wartburg 25.02.1341, † 17.02.1382
Wilhelm I., der Einäugige, * Dresden 19.12.1343, † Grimma 10.02.1407
Anna (Zwilling), * Dresden 07.08.1345, † Seußlitz
Clara (Zwilling), * Dresden 07.08.1345

Markgraf Friedrich der Ernsthafte auf dem Fürstenzug

Friedrich der Strenge 1349–1381

Es war ein wichtiges Verdienst des Markgrafen, dass er mit den jüngeren Brüdern bis 1379 eine gemeinschaftliche Regierung der wettinischen Lande unter seiner Führung unterhielt. 1350 erlangte er von Kaiser Karl IV. (1316 – 1378) für sich und die Brüder die Belehnung mit allen wettinischen Gebieten. Seitdem konnten die Wettiner alle Titel und Wappen ihres Hauses gemeinsam führen. Durch Verpfändung, Kauf, Tausch und Verheiratung wurde der beachtliche Landbesitz sogar vergrößert. In der später durch Los erfolgten Teilung erhielt Friedrich das Osterland, Markgraf Balthasar (1336–1406) Thüringen und Markgraf Wilhelm (1343–1407) Meißen. Die wichtigsten Hohheitsrechte nahmen sie gemeinsam wahr. Markgraf Ludwig (1341–1382) wurde Bischof von Halberstadt, später Erzbischof von Mainz, danach Erzbischof von Magdeburg. Somit hatte er keinen Anteil am Erbe.

* 14.10.1332 Dresden, † 25.05.1381

Amtsantritt: 1349

Begräbnisstätte: Fürstenkapelle Kloster Altzella

∞ 1346 Catharina Gräfin von Henneberg, † 15.07.1397 Meißen

Kinder:
Friedrich, † jung, um 1350
Friedrich der Streitbare, * 11.04.1370, † Altenburg 04.01.1428
Wilhelm II., der Reiche, * 23.04.1371, † 30.03.1425
Georg, * 1380, † Coburg 09.12.1401

Markgraf Friedrich der Strenge, unbekannter Dresdner Hofmaler vor 1728

Markgraf und Kurfürst Friedrich der Streitbare, unbekannter Dresdner Hofmaler vor 1728

Friedrich der Streitbare 1381–1428

Als ein herausragender Wettiner kam im 15. Jahrhundert Friedrich der Streitbare, bereits der vierte meißnische Markgraf namens Friedrich, an die Macht. Diesem außerordentlich klugen und kampferprobten Mann, der zuerst unter Vormundschaft seiner Mutter regierte, verdanken die Wettiner die Kurwürde und den Landnamen Sachsen. Schon bevor Friedrich den Kurhut bekam, gründete er mit seinem gleichfalls regierenden Bruder Markgraf Wilhelm II. (1371–1425) im Jahre 1409 die Universität Leipzig. Damit hat Sachsen eine der ältesten Universitäten der Welt.

Durch seine Erfolge als Feldherr gegen die böhmischen Hussiten hatte sich Friedrich die Achtung des deutschen Königs Siegmund (1368–1437) erworben. Nach dem Aussterben des askanischen Herzoghauses 1322 belehnte ihn dieser am 6. Januar 1423 und am 1. August 1425 in Budapest mit dem Herzogtum und der Kur Sachsen, dem Erzmarschallamt, der Pfalz Allstedt, der Grafschaft Brehna und der Burggrafschaft Magdeburg. Der 53-jährige Friedrich, als Kurfürst Friedrich I. genannt, und die Wettiner waren damit auf die höchste Stufe der deutschen Reichsfürsten gerückt. Wie der Erzbischof von Mainz, der Erzbischof von Köln, der Erzbischof von Trier, der König von Böhmen als Erzmundschenk, der Pfalzgraf bei Rhein als Erztruchsess und der Markgraf von Brandenburg als Erzkämmerer gehörten sie nun zu den sieben Wählern des Römischen Königs. In Zeiten der Reichsvakanz – zwischen dem Tod des Kaisers und der Wahl des Nachfolgers – verwalteten der Kurfürst von Sachsen mit dem Pfalzgrafen bei Rhein als Reichsvikare das höchste Amt.

Ihren Ländereien (u. a. meißnische Lande, Pleißenland) gaben die Kurfürsten von Sachsen fortan den einheitlichen Namen Sachsen. Kurfürst Friedrich I. wurde als Erster seines Geschlechts in der Fürstenkapelle des Meißner Doms beigesetzt. Die spätgotische Gruft erhielt 1455 eine Bronzeplatte mit seinem Antlitz und ist wegen Friedrichs Bedeutung über alle Grabplatten herausgehoben.

* 11.04.1370, † 04.01.1428 Altenburg

Amtsantritt: 1381

Begräbnisstätte: Fürstenkapelle im Dom zu Meißen

∞ 07.02.1402 Catharina Prinzessin von Braunschweig-Lüneburg, † 28.12.1442 Grimma

Kinder:
Catharina, † jung
Friedrich der Sanftmütige,* Leipzig 22.08.1412, † Leipzig 07.09.1464
Sigismund, * Grimma 03.03.1416, † Rochlitz 24.12.1471
Anna, * 05.06.1420, † Spangenberg/Hessen 17.09.1462
Catharina, * 1421, † 23.08.1476
Heinrich, * 21.05.1422, † 22.07.1435
Wilhelm III., * Meißen 30.04.1425, † Weimar 17.09.1482

Friedrich der Sanftmütige 1428–1464

Gerade 15 Jahre alt, übernahm der Kurfürst nach dem Tod des Vaters die Herrschaft. Im gleichen Jahr wurde die Ehe mit der Habsburgerin Margaretha verabredet und 1431 zu Leipzig geschlossen – Beginn einer Jahrhunderte währenden, engen Verbindung der Wettiner mit dem österreichischen Herrscherhaus. Die Sachsen stark in Mitleidenschaft ziehenden Hussitenüberfälle waren 1438 beendet. Doch zum neuen Problem wurde Friedrichs jüngerer Bruder Wilhelm III., der das 1440 an Sachsen gefallene Thüringen für sich forderte. So musste Kursachsen am 10. September 1445 in der sogenannten Altenburger Teilung für die Brüder halbiert werden. Statt Eintracht gab es bis zum 27. Januar 1451 schwere Fehden, die Chronisten als „sächsischen Bruderkrieg" bezeichneten.

Kurfürst Friedrich der Sanftmütige auf dem Fürstenzug

* 22.08.1412 Leipzig, † 07.09.1464 Leipzig

Amtsantritt: 1428

Begräbnisstätte: Fürstenkapelle im Dom zu Meißen

∞ Leipzig 03.06.1431, Margaretha Erzherzogin von Österreich,
* 1416 oder 1417, † 12.02.1486 Altenburg

Kinder:
Amalia, * Meißen 04.04.1436, † Rochlitz 19.11.1501
Anna, * 07.03.1437, † Neustadt/Aisch 31.10.1512
Friedrich, * Meißen 28.08.1439, † 23.12.1451
Ernst, * Meißen 24.03.1441, † Colditz 26.08.1486
Albrecht der Beherzte, * Grimma 31.07.1443,
† Emden 12.09.1500
Margaretha, * 1444, † Seußlitz bei Meißen 1491
Hedwig, * 31.10.1445, † Quedlinburg/Harz 13.06.1511
Alexander, * 24.06.1447, † 14.09.1447

Kurfürst Ernst, Stammvater der ernestinischen Wettiner, auf dem Fürstenzug

Ernst 1464–1486

Der Stammvater der ernestinischen Wettiner hatte schon als 14-Jähriger ein traumatisches Erlebnis. Zusammen mit seinem jüngeren Bruder Albrecht wurde er in der Nacht vom 7. zum 8. Juli 1455 über eine Strickleiter vom gewalttätigen Ritter Kunz von Kaufungen (1410–1455) und Spießgesellen aus der schlecht bewachten Altenburg geraubt. Dieser wollte mit den Geiseln den Kurfürsten erpressen, zur Erfüllung alter Forderungen zwingen. Doch auf dem Weg nach Böhmen stellte ihn ein Köhler, die Prinzen kamen frei. Kunz wurde am 14. Juli 1455 auf dem Freiberger Markt enthauptet. Der Kriminalfall ging als sächsischer Prinzenraub in die Geschichte ein. Beinahe zwei Jahrzehnte regierte Kurfürst Ernst zusammen mit seinem Bruder Herzog Albrecht die wettinischen Lande. Dann verlangte er die Teilung (siehe Albrecht). Nach Ernsts Tod waren Nachkommen nur noch über zwei Generationen – bis zur Wittenberger Kapitulation vom 19. Mai 1547 – Träger der Kurwürde.

* 24.03.1441 Meißen, † 26.08.1486 Colditz

Amtsantritt: 1464 (zusammen mit Bruder Albrecht)
1485 (für sein Gebiet des geteilten Landes)

Begräbnisstätte: Fürstenkapelle im Dom zu Meißen

∞ Leipzig 19.11.1460 Elisabeth Prinzessin von Bayern, * 02.02.1443, † 05.03.1484 Leipzig

Kinder:
Christina, * Torgau 25.12.1461, † Odense/Dänemark 08.12.1521
Friedrich III., der Weise, * Torgau 17.01.1463, † Lochau 05.05.1525
Ernst, * Meißen 26.06.1464, † Halle 03.08.1513
Albrecht, * Meißen 1467, † Aschaffenburg 01.05.1484
Johann der Beständige, * Meißen 30.06.1468, † Schweinitz 16.08.1532
Margareta, * 04.08.1469, † Weimar 07.12.1528
Wolfgang, * wohl 1473, † Torgau 1478

Albrecht der Beherzte 1464–1500

Nach dem Tode seines Vaters, Friedrichs des Sanftmütigen, herrschte Herzog Albrecht lange Jahre zusammen mit dem drei Jahre älteren Bruder Kurfürst Ernst über Sachsen. Ihre gemeinsame Hofhaltung befand sich im Dresdner Schloss. Die Wettiner waren nach den Habsburgern damals die mächtigsten Fürsten des deutschen Reiches – vor allem, als in Weimar Wilhelm III. (1425–1482) ohne männliche Erben starb. Denn das von ihm regierte Thüringen fiel an die Hauptlinie der Wettiner zurück. Doch gerade auf dem Höhepunkt der größten territorialen Machtentfaltung entzweiten sich die Brüder. Ernst forderte die verhängnisvolle und den politischen Einfluss Sachsens immens schwächende Teilung des Besitzes, die am 11. November 1485 zu Leipzig vollzogen wurde. Der Ältere brachte den Teilungsvorschlag ein, Albrecht konnte wählen und nahm den meißnisch-osterländischen Teil mit Dresden und Leipzig. Ernst, Inhaber des Kurkreises Wittenberg, erhielt Thüringen und die fränkischen Besitzungen. Nur das an Silbererz reiche Bergrevier um Schneeberg, schlesische und niederlausitzische Gebiete sowie das Hochstift Meißen blieben unter gemeinsamer Verwaltung.
Seitdem teilen sich die Wettiner in eine ernestinische und eine albertinische Linie. Die Kurwürde blieb bis zum Ende des Schmalkaldischen Krieges bei den Ernestinern. Für die Geschicke Sachsens sind die Albertiner entscheidend.
Herzog Albrecht, der die meiste Zeit außerhalb Sachsens im Dienst des Reiches auf Schlachtfeldern kämpfte, bestimmte Dresden zu seiner Residenz. Kurz vor seinem Tode erließ er 1499 die „Väterliche Ordnung“, die zur Verhinderung weiterer Landesteilungen die Primogenitur-Erbfolge festlegte – ausschließlich der älteste Sohn hat das Erbrecht an der Landesherrschaft.

* 31.07.1443 Grimma, † 12.09.1500 Emden

Amtsantritt: 1464 (zusammen mit Bruder Ernst), 1485 (für sein Gebiet des geteilten Landes)

Begräbnisstätte: Fürstenkapelle im Dom zu Meißen (Leichnam), Emden (Herz)

∞ Eger 11.11.1459 Zedena (Sidonie) Prinzessin von Böhmen, * 11.11.1449, † 01.02.1510 Tharandt

Kinder:
Catharina, * Meißen 24.07.1468, † 10.02.1524
Georg der Bärtige, * Meißen 27.08.1471, † Dresden 17.04.1539
Heinrich der Fromme, * Dresden 16.03.1473, † Dresden 18.08.1541
Friedrich, * Torgau 25.10.1474, † Rochlitz 13.12.1510
Anna, * 03.08.1478, † Dresden Ende 1479
Ludwig, * Torgau 28.09.1481, † jung, September des Jahres wie Johann II.
Johann I., * Torgau 24.06.1484, † Torgau 24.06.1484
Johann II., * Torgau 02.12.1498, † jung, September des Jahres wie Ludwig

Herzog Albrecht der Beherzte,
Stammvater der albertinischen Wettiner,
Flämischer Meister, um 1490

Kurfürst Friedrich III., der Weise, von Sachsen,
Gemälde von Lucas Cranach d. Ä.

Friedrich III., der Weise 1486–1525

Dem ältesten Sohn von Kurfürst Ernst war 23-jährig das sächsische Kurland nebst Kurhut zugefallen. Mit Bruder Johann dem Beständigen teilte er sich das restliche zerstreute herrschaftliche Territorium. Seine finanzielle Basis stellten Einnahmen aus den Erz- und Silberminen sächsischer Bergwerke sowie Anteile am Schlagschatz der Münzen Freiberg, Leipzig, Annaberg, Buchholz, Zwickau, Schneeberg und Langensalza dar. Sprichwörtlich wurde die fromme Sammelleidenschaft des Katholiken. Über 19 000 Reliquien, welche ihm rund zwei Millionen Jahre Ablass verhießen, umfasste seine Kollektion – die drittgrößte seiner Zeit! Unter den drei im Fürstenzug aufgenommenen Ernestinern kam lediglich Friedrich III. herausragende Bedeutung zu. Er hatte Wittenberg zu seiner Residenz ausgebaut und 1502 die Universität Wittenberg gegründet, war unter Deutschlands Kurfürsten der älteste und angesehenste. Friedrich III. sollte deutscher Kaiser werden. Doch am Wahltag, dem 28. Juni 1519, gab er in Frankfurt am Main dem Habsburger Karl V. (1500–1558) seine Stimme. Der Mann, der es mit Reformator Martin Luther (1483–1546) nicht leicht hatte, fühlte sich zu schwach für diese Verantwortung. Womöglich unterstützte er ihn auch, da der Papst zweimal seine Ehe mit der Tochter Margarete (1480–1530) von Kaiser Maximilian I. (1459–1519) ablehnte. Obwohl nicht vermählt, hatte er mit der unebenbürtigen Anna Weller mehrere Kinder.

*17.01.1463 Torgau, † 05.05.1525 Lochau

Amtsantritt: 1486

Begräbnisstätte: Schlosskirche Wittenberg

Johann der Beständige 1525–1532

Immer im Schatten des älteren Bruders, zeigte er auch als Kurfürst wenig Interesse an Landesverwaltung oder -finanzen. Nach seiner zweiten Ehe hatten er und Friedrich der Weise die kursächsischen Ländereien untereinander aufgeteilt und der für die thüringischen, fränkischen und vogtländischen Landesteile verantwortliche Johann sich in Weimar mit eigenem Hof niedergelassen. Gegenüber der Reformation zeigte er die gleiche positive Haltung wie der Bruder, unterhielt zum führenden protestantischen Theologen Luther eine nahezu freundschaftliche Beziehung.

*30.06.1468 Meißen, † 16.08.1532 Schweinitz

Amtsantritt: 1525

Begräbnisstätte: Schlosskirche Wittenberg

1. ∞ Torgau 01.03.1500 Sophie von Mecklenburg, * vor 18.12.1481, † 12.07.1503 Torgau

2. ∞ Torgau 13.11.1513 Margarete von Anhalt, * 12.11.1494 Köthen, † 07.10.1521 Weimar

Kinder:
Johann Friedrich I., der Großmütige, * Torgau 30.06.1503, † Weimar 03.03.1554
Maria, * Weimar 15.12.1515, † Wolgast 07.01.1583
Margarete, * Zwickau 25.04.1518, † Weimar 10.03.1535
Johann, * Weimar 26.09.1519, † Weimar bald darauf
Johann Ernst, * Coburg 10.05.1521, † Coburg 08.02.1553

Kurfürst Johann der Beständige von Sachsen,
Gemälde von Lucas Cranach d. Ä., 1526

Johann Friedrich I., der Großmütige 1532–1547

Der älteste Sohn von Kurfürst Johann dem Beständigen war politisch wenig talentiert und eigensinnig, stand als Führer des Schmalkaldischen Bundes dennoch an der Spitze der Protestanten. Am 19. Juli 1546 verhängte Kaiser Karl V. die Reichsacht über ihn und die Mitglieder des Schmalkaldischen Bundes. Im folgenden Schmalkaldischen Krieg stellte sich sein ebenfalls lutherischer Vetter Herzog Moritz von Sachsen – den die Ernestiner seitdem „Judas von Meißen" nennen – auf die kaiserliche Seite, besetzte Kursachsen. In der Schlacht von Mühlberg siegten die Kaiserlichen. Johann Friedrich wurde am 24. April 1547 auf der Lochauer Heide verhaftet, am 10. Mai zum Tode verurteilt. Durch Fürbitte einiger Fürsten – auch von Moritz – milderte man die Strafe in lebenslange Haft um. Johann Friedrich verlor die Kurwürde und einen Großteil seiner Länder an Moritz. Seine Nachkommen – die durch unglückliche Erbteilungen Thüringen zudem zum Flickenteppich winziger Kleinstaaten machten – sind seitdem nur noch Herzöge. Seit 1. September 1552 in Freiheit, residierte Johann Friedrich die letzten Jahre in Weimar.

* 30.06.1503 Torgau, † 03.03.1554 Weimar

Amtsantritt: 1532 (als Kurfürst), 1547 (nur noch Herzog)

Begräbnisstätte: Stadtkirche Weimar

∞ Torgau Juni 1527 Sibylle von Jülich-Kleve-Berg, * 17.07.1512 Düsseldorf, † 21.02.1554 Weimar

Kinder:
Johann Friedrich II. der Mittlere, * Torgau 08.01.1529, † Steyr/Oberösterreich 09.05.1595
Johann Wilhelm I. Maria, * Torgau 11.03.1530, † Weimar 02.03.1573
Johann Ernst, * Weimar 05.01.1535, † Weimar 11.01.1535
Johann Friedrich III. der Jüngere, * Torgau 16.01.1538, † Jena 31.10.1565

Kurfürst und Herzog Johann Friedrich I., der Großmütige, von Sachsen, Gemälde von Lucas Cranach d. J.

Herzog Georg der Bärtige,
gemalt von Lucas Cranach d. Ä. zw. 1534 und 1539

Georg der Bärtige 1500–1539

Der älteste Sohn Albrechts des Beherzten wirkte in der Zeit der nach Martin Luthers Thesenanschlag von 1517 einsetzenden Reformation und des 1524 bis 1526 währenden Bauernkriegs. Beiden geschichtlichen Ereignissen stand er am Ende ablehnend gegenüber. Nach der Disputation Luthers mit Eck im Juli 1519 zu Leipzig unterdrückte er jede reformatorische Gesinnung, blieb für Generationen der letzte katholische Albertiner. Dafür betrieb der fromme Mann mit viel Diplomatie und Geld die 1524 erfolgte Heiligsprechung des Bischofs Benno von Meißen. Sachsens Wirtschaft erblühte unter seiner Herrschaft. Als seine Frau starb, ließ sich Georg aus Trauer einen Bart wachsen, der ihm seinen Namen gab.

* 27.08.1471 Meißen, † 17.04.1539 Dresden

Amtsantritt: 1500

Begräbnisstätte: Fürstenkapelle im Dom zu Meißen

∞ Leipzig 21.11.1496 Barbara Prinzessin von Polen, * 15.07.1478 Sandomir, † 15.02.1534

Kinder:
Christoph I., * Dresden 08.09.1497, † Leipzig 05.12.1497
Johann, * Dresden 24.08.1498, † Dresden 11.01.1537
Wolfgang, * 1499, † Dresden 12.01.1500
Anna, * 21.01.1500, † 23.01.1500
Christoph II., * 27.05.1501, † 27.05.1501
Agnes, * 07.01.1503, † 16.04.1503
Friedrich, * Dresden 15.03.1504, † Dresden 26.02.1539
Christina, * 25.12.1505, † Kassel 15.04.1549
Magdalena, * Dresden 07.03.1507, † Berlin 25.(?) 01.1534
Margaretha, * Dresden 07.09.1508, † zw. 07.09. u. 19.12.1510

Herzog Heinrich der Fromme,
gemalt von Lucas Cranach d. Ä., 1514

Heinrich der Fromme 1539–1541

Der Herzog war ein gutmütiger und unkriegerischer Herrscher, verbrachte sein beschauliches Dasein im Freiberger Schloss und lebte von den Einnahmen der Ämter Freiberg und Wolkenstein. Die wichtigste Leistung seines Lebens war die Gründung der Bergstadt Marienberg. Im Alter von 66 Jahren gelangte er durch den Tod des Bruders, dem alle männlichen Erben verstorben waren, an die Spitze des Herzogtums Sachsen. Zum Pfingstfest am 25. Mai 1539 führte er mit einer Feier in Leipzig nach ernestinischem Vorbild die Reformation im albertinischen Sachsen ein. Noch 11 Tage vor seinem Tod bestimmte der Stifter der kurfürstlichen Begräbniskapelle im Freiberger Dom Sohn Moritz zum Mitregenten.

* 16.03.1473 Dresden, † 18.08.1541 Dresden

Amtsantritt: 1539

Begräbnisstätte: Grablege im Dom St. Marien Freiberg

∞ Freiberg 06.07.1512 Catharina Herzogin von Mecklenburg,
* erste Monate 1487, † 06.06.1561 Torgau

Kinder:
Sibylla, * Freiberg 02.05.1515, † Buxtehude 18.07.1592
Aemilia, * Freiberg 27.07.1516, † Ansbach 09.04.1591
Sidonia, * Meißen 08.03.1518,
† Abtei Weißenfels/Braunschweig 04.01.1575
Moritz, * Freiberg 21.03.1521, † Sievershausen/Hannover 11.07.1553
Severinus, * Freiberg oder Meißen 28.08.1522, † Innsbruck 10.10.1533
August, * Freiberg 31.07.1526, † Dresden 11.02.1586

Herzog Moritz wurde 1547 Kurfürst von Sachsen.
Gemälde von Lucas Cranach d. J.

Moritz 1541–1553

Im Alter von 20 Jahren mit der Regierung des Herzogtums Sachsen betraut, stellte Moritz all seine Vorfahren in den Schatten. Als Macht- und Tatmensch war er schon früh eigene Wege gegangen, hatte sich beispielsweise gegen den Willen der Eltern verlobt. Mit dem Reichtum aufgelöster Klöster gründete er die Fürstenschulen Meißen, Grimma und Schulpforta. Dem im Reiten, Jagen und Waffentragen versierten Wettiner waren die Grenzen des Landes zu eng. 1542 stürzte er sich in den Türkenkrieg, im Herbst 1543 unterstützte er mit 1000 Reitern den Kaiser gegen die Franzosen, im Sommer 1545 zog er gegen Herzog Heinrich von Braunschweig (1489–1568) ins Feld. Im Glaubenskrieg stellte er sich zuerst gegen seine protestantischen Verwandten auf die Seite des katholischen Kaisers, half die Schlacht von Mühlberg (24. April 1547) zu gewinnen. Damit hatte Moritz zwei Glückstreffer gelandet: Erstens konnte er nach der Wittenberger Kapitulation des ernestinischen Verwandten, der die Kurwürde verlor, sein zersplittertes Sachsen gewaltig vergrößern, allerdings ohne Thüringen. Zweitens wurde Moritz am 4. Juni 1547 zum Kurfürsten ausgerufen. Seitdem sind die albertinischen Wettiner ununterbrochen Sachsens Kurfürsten und Könige.

Danach widmete sich Moritz der Europapolitik, wurde der Führer norddeutscher evangelischer Fürsten und ein erbitterter Gegner des Kaisers. Dem König von Frankreich überließen sie die deutschen Städte Cambrai, Metz, Toul und Verdun. Dieser finanzierte dafür den Krieg gegen den Kaiser, den man 1552 zur Anerkennung des Protestantismus zwang.

Moritz war 1553 der wichtigste deutsche Fürst, der zukünftige König. Doch bei einem eher unbedeutenden Scharmützel – der Schlacht von Sievershausen bei Hannover – verwundete ihn am 9. Juli 1553 eine Kugel im Rücken. Womöglich wurde er noch vergiftet. Über seinem Leichnam prangt im Freiberger Dom das prächtigste Grabmal, das ein Wettiner je bekam.

* 21.03.1521 Freiberg, † 11.07.1553 Sievershausen/Hannover

Amtsantritt: 1541

Begräbnisstätte: Grablege im Dom St. Marien Freiberg

∞ Marburg 11.01.1541 Agnes Landgräfin von Hessen, * 31.05.1527 Marburg, † 04.11.1555 Weimar

Kinder:
Anna, * Dresden 23.12.1544, † Dresden 18.12.1577
Albert, * Dresden 28.11.1545, † Dresden 12.04.1546

August 1553–1586

Nach dem plötzlichen Tod des Kurfürsten Moritz gelangte sein jüngerer Bruder auf den Thron. Ihn nannte man später „Vater August“ – vielleicht, weil er das Bild des Sachsen prägte, der fleißig, genügsam, sparsam und immer geschäftig ist. Auf jeden Fall sicherte er in 33 Regierungsjahren mit Strenge und Weisheit seinen Staat äußerlich und innerlich, darf als zweiter Schöpfer des albertinischen Kurfürstentums Sachsen gelten. Als Herrscher suchte er zuerst den Ausgleich mit den Ernestinern. Im Naumburger Vertrag vom 24. Februar 1554 erkannten die Ernestiner endgültig die von Kaiser Karl V. diktierte Wittenberger Kapitulation an. Um sich vor dem Todesurteil zu retten, hatte Johann Friedrich I. bereits am 19. Mai 1547 die Kapitulationsurkunde unterschrieben. In dieser musste der Ernestiner für sich und seine Nachkommen auf alle Ansprüche der Kurwürde verzichten. Mit der Übereinkunft von 1554 erhielten sie zusätzlich zu ihren verbliebenen Gebieten von August die Ämter Altenburg, Eisenberg, Sachsenburg und Herbisleben zurück. Dazu schenkte er den Verwandten 100 000 Gulden. Doch die Ernestiner erwiesen sich als undankbar, wollten zwölf Jahre später viel mehr. Da schickte August Ende 1566 das kursächsische Heer nach Gotha, ließ die Stadt einnehmen, Berater hinrichten. Der Ernestiner Herzog Johann Friedrich II. (1529–1595) kam in lebenslange kaiserliche Haft, und Kurfürst August nahm sich vier Thüringer Amtsbezirke. Auch später gelang ihm manch territoriale Vergrößerung. Unbarmherzig hart reagierte August auf calvinistische Strömungen, in denen er eine Gefahr für den rechten Glauben sah. August regelte durch eine Schul- und Kirchenordnung sowie zahlreiche Gesetze sehr akribisch das Leben im Lande, war ein erfolgreicher Wirtschaftspolitiker mit eigenen frühkapitalistischen Unternehmen. So förderte er Zinn- und Eisenbergbau. In Pirna wurde die kurfürstliche Eisenkammer angelegt, 1554/55 ent-

Kurfürst August von Sachsen,
Gemälde von Lucas Cranach d. J., 1565

stand zur Erprobung neuer Verhüttungstechnologien ein Schmelzhaus neben dem Dresdner Schloss. Auch den Steinkohlenbergbau im Zwickauer Gebiet und im Plauenschen Grund überwachte er bzw. betrieb ihn auf eigene Kosten. In größeren Städten wurden, um Missernten und Teuerungen auszugleichen, Getreidemagazine mit beachtlichen Vorräten angelegt. 1557 beauftragte August den an der Universität Leipzig lehrenden Mathematiker Johannes Hommel (1518–1562) mit der Vermessung aller kurfürstlichen Forste. Durch Verpflichtung weiterer Markscheider gab der Landesherr die Initialzündung zur ersten kursächsischen Landesaufnahme, die bis 1633 dauerte und erstmals einen großen deutschen Flächenstaat exakt kartierte. Nach Beratung durch Rechenmeister Adam Ries (1492–1559) entstand die Münzordnung von 1558. Von 1568 bis 1573 ließ August die mächtige Festung Augustusburg bei Chemnitz errichten. Statt des abgebrochenen Schlosses Lochau bei Torgau baute er 1572 bis 1575 die Annaburg, 1573 bis 1581 anstelle eines abgetragenen Klosters bei Prettin das Renaissanceschloss Lichtenburg. Auf Augusts Bautätigkeit in Dresden gehen 1559 das Zeughaus als Vorgänger des heutigen Albertinums und das Kanzleihaus (1565/67) am Residenzschloss zurück.

Doch die eigentliche Leidenschaft des auch handwerklich begabten Kurfürsten galt Wissenschaften wie Astronomie und Astrologie sowie kunsthistorischen Sammlungen. Rund 100 000 Exponate an Globen, Uhren, Meteoriten, Gemälden, Instrumenten und Büchern trug er in seiner 1560 begründeten Kunstkammer im Dresdner Schloss zusammen. Damit begründete August, der auch bei der Gregorianischen Kalenderreform eine wichtige Rolle spielte, viele heutige Dresdner Museen wie den Mathematisch-Physikalischen Salon, die Staatlichen Museen für Mineralogie und Tierkunde, die Gemäldegalerie Alte Meister, die Skulpturensammlung und die Sächsische Landes- und Universitätsbibliothek. Beachtlich sind auch Augusts Bestrebungen, schlagkräftige Landesverwaltungen aufzubauen: 1574 gründete er den Geheimen Rat als oberste Zentralbehörde. Diese hatte bis 1831 Bestand. Das Appellationsgericht Dresden sprach ab 1558 in zweiter Instanz Recht für das ganze Land. Dass sich auch ein mächtiges Bürgertum entwickeln konnte, demonstrieren die über 30 in Augusts Regierungszeit gebauten Rathäuser. Seine erste Ehefrau Anna von Dänemark fand als „Mutter Anna" Eingang in die Volkserinnerung. Sie erwarb sich große Verdienste bei der Tier- und Bienenzucht, in Obst- und Weinbau. Im Ostravorwerk und im Zwingergarten betrieb sie Landwirtschaft. Sie beschäftigte sich mit Medizin und Pharmazie, erfand ein Magenpflaster, Augenwasser, Gegengifte, brannte Aquavit und gründete 1581 mit der Dresdner Hofapotheke die erste Apotheke Sachsens. Es wird berichtet, dass sie Asylanten, Schwangere und Kranke betreute. Die am 1578 geweihte Kirche vor dem Wilsdruffer Tor zu Dresden trägt den Namen St. Annen und erinnert gleichzeitig an die Kurfürstin.

* 31.07.1526 Freiberg, † 11.02.1586 Dresden

Amtsantritt: 1553

Begräbnisstätte: Grablege im Dom St. Marien Freiberg

1. ∞ Torgau 07.10.1548 Anna Prinzessin von Dänemark,
   * 22.11.1532 Hadersleben, † 01.10.1585 Dresden
2. ∞ Dessau 03.01.1586 Agnes Hedwig Prinzessin von Anhalt-Dessau,
   * 12.03.1573 Dessau, † 03.11.1616 Sonderburg

Kinder (aus 1. Ehe):
Johann Heinrich, * Weissenfels 05.05.1550, † Weissenfels 12.11.1550
Eleonore * Wolkenstein 11.10.1551, † Wolkenstein 24.04.1553
Elisabeth, * Wolkenstein 18.10.1552, † Heidelberg 02.02.1590
Alexander, * Dresden 21.02.1554, † Dresden 08.10.1565
Magnus, * Dresden 24.09.1555, † Dresden 06.11.1558
Joachim, * Dresden 03.05.1557, † Dresden 21.11.1557
Hektor, * Dresden 07.10.1558, † Dresden 04.04.1560
Christian I., * Dresden 29.10.1560, † Dresden 25.09.1591
Maria, * Torgau 08.03.1562 , † Torgau 06.01.1566
Dorothea, * Dresden 04.10.1563, † Wolfenbüttel 13.02.1587
Amalia , * Dresden 28.01.1565, † Dresden 02.07.1565
Anna, * Dresden 16.11.1567, † Coburg 27.01.1613
August, * Dresden 23.10.1569, † Dresden 12.02.1570
Adolph, * Stolpen 08.07.1571, † Dresden 12.03.1572
Friedrich, * Annaburg 18.06.1575, † Annaburg 24.01.1576

Kurfürst Christian I. von Sachsen,
Gemälde von Zacharias Wehme

Christian I. 1586–1591

Im Gegensatz zu seinem sparsamen Vater liebte Christian I. höfische Prachtentfaltung. Er ließ 1586 am Residenzschloss den eindrucksvollen Stallhof, 1589 auf dem Königstein die Christiansburg errichten. Innen- und Außenpolitik bestimmte der aufgeklärte Leipziger Professorensohn Dr. Nikolaus Krell (um 1551–1601), der 1589 zum kursächsischen Kanzler aufstieg. Er betrieb die Abkehr von der auf die Habsburger ausgerichteten kaisertreuen Linie, eine Union protestantischer Fürsten, und wollte orthodoxe lutherische Positionen zugunsten calvinistischer Einflüsse erneuern. Dabei wurden vor allem die adligen Stände zu seinen erbitterten Gegnern. Im Alter von 31 Jahren wurde Christian I. ein Opfer seiner Alkoholsucht und starb an einer Magen- und Darmkrankheit.

* 29.10.1560 Dresden, † 25.09.1591 Dresden

Amtsantritt: 1586

Begräbnisstätte: Grablege im Dom St. Marien Freiberg

∞ Dresden 25.04.1582 Sophia Markgräfin von Brandenburg,
* 06.06.1568 Zechlin, † 07.12.1622 Dresden

Kinder:
Christian II., * Dresden 23.09.1583, † Dresden 23.06.1611
Johann Georg I., * Dresden 05.03.1585, † Dresden 08.10.1656
Anna, * Dresden 25.01.1586, † Dresden 24.03.1586
Sophia, * Dresden 29.04.1587, † Stettin 09.12.1635
Elisabeth, * Dresden 21.07.1588, † Dresden 04.03.1589
August, * Dresden 07.09.1589, † Naumburg 26.12.1615
Dorothea, * Dresden 07.01.1591, † 18.04.1610

Kurfürst Christian II. von Sachsen,
Gemälde von Zacharias Wehme

Christian II. 1591–1611

Der älteste Sohn des Kurfürsten Christian I. war ein geistig passiver und demzufolge auch vom politischen Geschäft überforderter Kopf. Er erfreute sich an Ritterspielen und Turnieren, frönte hemmungslos Tafelfreuden und Trunksucht. Weil der Kurfürst beim Ableben des Vaters gerade acht Jahre alt war, verwaltete Vormund Herzog Friedrich Wilhelm von Sachsen-Weimar (1562–1602, ernestinische Verwandtschaft) zehn Jahre lang von Torgau aus als Administrator Kursachsen. Am 9. Oktober 1601 ließ Christian II. Dr. Nikolaus Krell, den des Calvinismus beschuldigten wichtigsten Vertrauten seines Vaters, in Dresden enthaupten. Nach einem Ringrennen trank der überhitzte und an Fettsucht leidende Kurfürst zu viel kaltes Bier und erlitt 28-jährig einen tödlichen Gehirnschlag.

* 23.09.1583 Dresden, † 23.06.1611 Dresden

Amtsantritt: 1591 (bis 1601 unter Vormundschaft)

Begräbnisstätte: Grablege im Dom St. Marien Freiberg

∞ Dresden 12.09.1602 Hedwig Prinzessin von Dänemark,
* 05.08.1581 Frederiksborg, † 26.11.1641 Lichtenburg

Kurfürst Johann Georg I. von Sachsen,
Gemälde von Franz Luycx, 1652

Johann Georg I. 1611–1656

45 Jahre, auch in der schweren Zeit des 30-jährigen Krieges, trug Johann Georg I. den Kurhut. 1619 hätte er König von Böhmen und sogar Kaiser werden können. Doch die Gunst der Stunde wollte er nicht nutzen. Im Verlauf des Krieges wechselte der militärisch und politisch wenig interessierte Kurfürst mehrfach die Seite. So verließ er das Bündnis mit Schweden und schloss am 30. Mai 1635 mit dem Kaiser den Prager Frieden. Als Dank trat ihm dieser die Ober- und Niederlausitz ab. Es wurde der größte Landgewinn, den Sachsen nach 1547 je erzielen konnte. Doch die nun verfeindeten Schweden verwüsteten Sachsen schrecklich. Erst am 6. September 1645 konnte mit ihnen der Waffenstillstand von Kötzschenbroda unterzeichnet werden. Der die Musik und die Jagd über alles liebende Kurfürst rief 1617 Heinrich Schütz (1585–1672) als Hofkapellmeister nach Dresden.

* 05.03.1585 Dresden, † 08.10.1656 Dresden

Amtsantritt: 1611

Begräbnisstätte: Grablege im Dom St. Marien Freiberg

1. ∞ Dresden 16.09.1604 Sibylla Elisabeth Herzogin von Württemberg,
   * 10.04.1584 Mömpelgard, † 20.01.1606 Dresden
2. ∞ Torgau 19.07.1607 Magdalena Sibylla Markgräfin von Brandenburg,
   * 31.12.1586 Königsberg, † 12.02.1659 Dresden

Kinder:
Sophia, * Dresden 23.11.1609, † Darmstadt 02.06.1671
Maria Elisabeth, * Dresden 22.11.1610, † Husum 24.06.1684
Christian Albert, * Dresden 04.03.1612, † Dresden 09.08.1612
Johann Georg II. , * Dresden 31.05.1613, † Freiberg 22.08.1680
August, * Dresden 13.08.1614, † Halle 04.06.1680
Christian I., * Dresden 27.10.1615, † Merseburg 18.10.1691
Magdalena Sibylla, * Dresden 23.12.1617, † Altenburg 06.01.1668
Moritz, * Dresden 28.03.1619, † Moritzburg/Zeitz 04.12.1681
Heinrich, * Dresden 27.06.1622, † Dresden 15.08.1622

Kurfürst Johann Georg II. von Sachsen,
Gemälde von Johann Fink, vor 1675

Johann Georg II. 1656–1680

43-jährig an die Macht gekommen, musste Johann Georg II. zunächst das Testament seines Vaters vollstrecken. Per Vergleich vom 22. April 1657 teilte er mit seinen Brüdern das Kurfürstentum, blieb aber oberster Landesherr. August bekam zusätzlich zum Herzogtum Magdeburg (fiel bei seinem Tode an Brandenburg) in Thüringen gelegene Landesteile sowie die Ämter Dahme und Jüterbog. Der in Halle residierende August baute über der Stadt Weißenfels die Augustusburg. Seine Nebenlinie Sachsen-Weißenfels starb 1746 aus. Christian erhielt neben dem Stift Merseburg die Niederlausitz sowie die Ämter Bitterfeld, Delitzsch und Zörbig. Seine Nebenlinie Sachsen-Merseburg erlosch 1738. Moritz bekam zum Zeitzer Stiftsgebiet das sächsische Vogtland, das Gebiet um Neustadt/Orla und Teile der Grafschaft Henneberg. Schloss Moritzburg bei Zeitz errichtete er als Residenz. Die von ihm begründete Nebenlinie Sachsen-Zeitz erlosch 1718.
Der Prunk und Pracht liebende Johann Georg II. legte den Großen Garten an, in welchem 1678 mit dem Palais der erste bedeutende Barockbau Dresdens entstand. Schon 1664 hatte er ein neues Schauspielhaus errichten lassen. Das Residenzschloss wurde ausgebaut.

* 31.05.1613 Dresden, † 22.08.1680 Freiberg

Amtsantritt: 1656

Begräbnisstätte: Grablege im Dom St. Marien Freiberg

∞ Dresden 13.11.1638 Magdalena Sibylla Markgräfin von Brandenburg-Bayreuth , * 01.11.1612 Bayreuth, † 20.03.1687 Dresden

Kinder:
Sibylla Maria, * Dresden 16.09.1642, † Dresden 27.02.1643
Erdmuthe, * Dresden 15.02.1644, † Bayreuth 12.06.1670
Johann Georg III., * Dresden 20.06.1647, † Tübingen 12.09.1691

Kurfürst Johann Georg III. von Sachsen,
Gemälde von Samuel Bottschild, um 1685

Johann Georg III. 1680–1691

Schon im Alter von 25 Jahren hatte ihn sein Vater zum Landvogt der Oberlausitz mit Residenz in der Ortenburg zu Bautzen ernannt. Er schuf das stehende Heer für Sachsen, half 1683 mit 11 000 sächsischen Soldaten, die Türken vor Wien zu vertreiben. Johann Georg III. machte Schluss mit unnützem Prunk und ausländischen Höflingen, füllte lieber die Kriegskasse. Sächsische Männer waren 1688 bei der Eroberung von Belgrad dabei. Schon 1684 schickte er Truppen im Kampf gegen die Türken nach Venedig. Vier Jahre später zog er mit 14 000 Mann gegen Frankreich ins Feld. Wegen seines kriegerischen Geistes ging Johann Georg III. als „sächsischer Mars" in die Geschichte ein.

* 20.06.1647 Dresden, † 12.09.1691 Tübingen

Amtsantritt: 1680

Begräbnisstätte: Grablege im Dom St. Marien Freiberg

∞ Kopenhagen 09.10.1666 Anna Sophia Prinzessin von Dänemark,
* 01.09.1647 Kopenhagen, † 01.07.1717 Lichtenburg

Kinder:
Johann Georg IV., * Dresden 18.10.1668, † Dresden 27.04.1694
Friedrich August I., * Dresden 12.05.1670, † Warschau 01.02.1733

Johann Georg IV. 1691–1694

23-jährig kam der ältere Sohn Johann Georgs III. an die Macht. Doch die Regierungszeit des Wettiners, dem Chronisten Tatkraft, überdurchschnittlichen Verstand und Geschäftssinn bestätigten, währte nur zweieinhalb Jahre. Mit dem Kurfürsten von Brandenburg verband ihn die Gegnerschaft zu Frankreich. Im Februar 1693 erneuerte er das Bündnis mit dem Kaiser, dem er unter seinem eigenen Befehl 12 000 Mann im Krieg gegen Frankreich zur Verfügung stellte. Seine auf Drängen der Mutter entstandene Ehe mit einer Witwe war unglücklich. Verhängnisvoll für den jungen Kurfürsten wurde die bereits als Kurprinz begonnene Liaison mit der Tochter des Obersten der kurfürstlichen Leibgarde Magdalena Sibylla von Neitschütz (1674–1694). Zu einer Doppelehe mit der Dirne, die bereits im Alter von 13 Jahren Liebhaber empfing, kam es nicht mehr. Im Alter von 20 Jahren verstarb sie an den Blattern. Der Kurfürst steckte sich auf ihrem Sterbelager mit der damals unheilbaren Krankheit an.

* 18.10.1668 Dresden, † 27.04.1694 Dresden

Amtsantritt: 1691

Begräbnisstätte: Grablege im Dom St. Marien Freiberg

∞ Leipzig 17.04.1692 Eleonore Prinzessin von Sachsen-Eisenach,
verwitwete Markgräfin von Brandenburg-Ansbach,
* 13.04.1662 Friedewald, † 09.09.1696 Pretzsch

Kurfürst Johann Georg IV. von Sachsen auf dem Fürstenzug

Friedrich August I. (der Starke) 1694–1733

Man hat ihn als prunkvollen Fürsten mit zahlreichen Mätressen, als den Bauherrn des Dresdner Barock und als den mit körperlicher Kraft gesegneten August den Starken in Erinnerung. Nach ihm nennt man eine Epoche sächsischer Geschichte sogar augusteisches Zeitalter: Friedrich August I. Als Zweitgeborenem fiel ihm 1694 völlig unvorbereitet die sächsische Kurwürde des verstorbenen Bruders zu. Der Territorialstaat mit seinen 900 Quadratmeilen (35 000 Quadratkilometer) war etwa so groß wie das Kurfürstentum Bayern. Es spricht für Friedrich August I., dass er eine gut funktionierende Verwaltung organisierte. Für die Zeit längerer Abwesenheit setzte er in Kursachsen mit Anton Egon von Fürstenberg (1657–1716) einen nicht dem sächsischen Adel entstammenden Statthalter ein. 1703 schuf der Monarch als oberste Steuerbehörde das Generalakzisekollegium und ab 1704 als oberste Behörde das Geheime Kabinett – eine Art Ministerrat – mit drei Kabinettsministern, die keine geborenen Sachsen waren. Seine Toleranz gegenüber anderen Religionen zeigte der Monarch, welcher dem Frühaufklärer Ehrenfried Walther von Tschirnhaus (1651–1708) zugetan war, dadurch, dass er der Ansiedelung von Juden in Dresden und Leipzig und der Böhmischen Brüder in der Oberlausitz keine Steine in den Weg legte. Sein außenpolitisches Ziel wurde, eine einmalige historische Chance ergreifend, der Erwerb der polnischen Königskrone. Nach dem Tod des polnischen Königs Johann III. Sobieski (1629–1696) hatte der Wahlsejm innerhalb eines Jahres einen neuen König zu küren. Friedrich August I. erkannte, dass er innerhalb Europas nur auf diesem Weg eine Stellung erlangen konnte, die über den Reichsstand eines Kurfürsten hinausging. Dafür musste er u. a. den polnischen Adel bestechen, zum Katholizismus konvertieren. Um Gelder für seine Machtgelüste aufbringen zu können, verkaufte er uralte kursächsische Ländereien und Herrschaftsansprüche, versetzte Juwelen aus dem Staatsschatz. Am 15. September 1697 wurde Sachsens Kurfürst

Kurfürst Friedrich August I. brachte es bis zum König von Polen.
Gemälde von Louis de Silvestre, um 1718

als August II. im Dom des Wawel zu Krakau zum König von Polen gekrönt. Das Oberhaupt der Erbmonarchie wurde damit Herrscher einer Wahlmonarchie, deren Staatsterritorium mit 753 750 Quadratkilometern 21-fach größer als das sächsische war. 1700 brach August der Starke einen Krieg gegen Schweden vom Zaun – und wurde vernichtend geschlagen. Die Schweden besetzten im Herbst 1706 sogar Sachsen. Besatzungskosten ohne die Zerstörungen und Requirierungen: geschätzte 35 Millionen Reichstaler. Im Altranstädter Frieden vom 24. September 1706 (am 31. Dezember 1706 von August II. unterzeichnet) musste der sächsische Kurfürst auf Polen und Litauen verzichten und Stanislaus I. Leszczynski (1677–1766) als König von Polen anerkennen. Unter großen Opfern für Sachsen errang August zwar 1709 den Königsthron zurück, doch die Polen liebten ihn nie. Und nur zwei Generationen konnte Polen an Sachsen gekettet werden. Zur militärischen Absicherung seiner außenpolitischen Bestrebungen schuf August der Starke nach 1717 eine modern bewaffnete 30 000-Mann-Armee, die er im Sommer 1730 im Zeithainer Lager Europas Öffentlichkeit präsentierte. Durch den Ausbau der Diplomatie – der Kurfürst-König von Sachsen-Polen ließ u. a. seine Interessen in allen Hauptstädten des Kontinents durch Gesandte in neu eingerichteten Botschaften vertreten – wurde Dresden zu einem politischen Zentrum Europas. Wachsende politische Bedeutung ging zu jener Zeit mit Prunkentfaltung und öffentlicher Repräsentation als Demonstration von Macht und Wohlstand einher. Um seinen Hofstaat in Dresden und Warschau, glanzvolle und kostspielige Feste (oft 50 bis 60 Tage pro Jahr), die überall vorherrschende verschwenderische Pracht und die wundervollen Barockbauten finanzieren zu können, führte er neue Steuern ein. Dresden verdankt dem schöpferisch begabten August II., der sich mit genialen Architekten und Künstlern umgab, Bauwerke wie z. B. Zwinger, Taschenbergpalais, die Neue Königstadt (Neustadt) mit dem Japanischen Palais sowie Schloss Moritzburg und Großsedlitz. Die Stadt Dresden wurde unter ihm eine Residenz von europäischem Rang. Einzigartige Schätze ließ er für das Grüne Gewölbe anfertigen. Dem Irrglauben seiner Zeit verfangen, man könne mit alchimistischen Methoden Gold gewinnen, förderte er die Herstellung des ersten europäischen Hartporzellans und wurde selbst zum Unternehmer, der die Erzeugnisse, Absatz, Gewinn und Verlust der Firma persönlich überwachte. Seine 1710 gegründete Porzellanmanufaktur auf der Albrechtsburg Meißen ist die erste staatliche Manufaktur Europas. Neben ihr entstanden zwischen 1694 und 1733 z. B. auf den Gebieten der Textilherstellung und Metallverarbeitung 26 neue Manufakturen. Leipzig war mit seinen dreimal jährlich stattfindenden Messen die wirtschaftliche Hauptstadt Sachsens und eine Art Nebenresidenz. Obwohl hier die Pleißenburg wettinisches Eigentum war, logierte der Kurfürst und König im bürgerlichen Stadtpalais. Im Gegensatz zur Legende ging er nur mit acht Mätressen zeitweilig eine mehr oder minder feste Verbindung ein. Neben seinem ehelichen Sohn und Nachfolger hatte er acht außereheliche Kinder legitimiert und damit für ihre Zukunft gesorgt. Für seine Ehefrau waren das unruhige Leben und die sie demütigenden Ausschweifungen so unerträglich, dass sie fast 30 Jahre lang fern von Dresden auf Schloss Pretzsch an der Elbe ihren Lebensmittelpunkt fand. Polen hat die standhafte Protestantin nie betreten.

Den vom Volksmund verliehenen Beinamen „der Starke“ verdankt Friedrich August I. seiner angeblich außergewöhnlichen Körperkraft. Auch sie ist eine Legende. Zur Korpulenz kam in späteren Jahren eine schwere Zuckerkrankheit hinzu, deren Folgen dem Leben des an keine Diät zu gewöhnenden Kurfürsten und Königs ein Ende setzten. Nach fast 39 Jahren an der Spitze des Kurfürstentums Sachsen verstarb er am 1. Februar 1733 in seiner zweiten Hauptstadt Warschau. Sein Leichnam ruht in der Kathedralkirche des Krakauer Wawel. Doch sein Herz kam in einer Silberkapsel, die innen vergoldet ist, in seine Geburtsstadt Dresden. Die Herzkapsel ruht heute in der Gruft der Katholischen Hofkirche.

* 12.05.1670 Dresden, † 01.02.1733 Warschau

Amtsantritt: 1694

Begräbnisstätten: Wawel Krakau (Leichnam)
Familiengruft Katholische Hofkirche Dresden (Herzkapsel)

∞ Bayreuth 10.01.1693 Markgräfin Christiane Eberhardine von Brandenburg-Bayreuth, * 19.12.1671 Bayreuth, † 05.09.1727 Pretzsch

Kinder:
Friedrich August II., * Dresden 07.10.1696, † Dresden 05.10.1763

Friedrich August II. 1733–1763

Der einzig ehelich geborene Sohn Augusts des Starken wurde 1733 Kurfürst von Sachsen und 1734 König von Polen. 1738 erbte er Sachsen-Merseburg und 1746 Sachsen-Weißenfels. Von sehr empfindsamem Wesen entwickelte er wenig eigenes staatsmännisches Profil, blieb im Schatten des Vaters und überließ die Regierungsgeschäfte seinem wichtigsten Berater Heinrich Graf von Brühl (1700–1763). Als allmächtiger Premierminister führte dieser Sachsen in zwei Schlesische und den Siebenjährigen Krieg. Der treue Katholik und Ehemann Friedrich August II. jagte gern, hörte Musik. Seiner Sammelleidenschaft verdankt Sachsen Gemälde von europäischem Rang wie Raffaello Santis (1483–1520) Sixtinische Madonna. Noch als Kurprinz wurde ihm 1721 Jagdschloss Hubertusburg bei Oschatz erbaut, dessen großzügige Erweiterung er veranlasste. Seiner Religiosität verdankt Dresden die 1739 bis 1751 errichtete Katholische Hofkirche.

Kurfürst Friedrich August II. von Sachsen,
Gemälde von Louis de Silvestre

* 07.10.1696 Dresden, † 05.10.1763 Dresden

Amtsantritt: 1733

Begräbnisstätte: Familiengruft Katholische Hofkirche Dresden

∞ Wien 20.08.1719 Maria Josepha Erzherzogin von Österreich,
* 08.12.1699 Wien, † 17.11.1757 Dresden

Kinder:
Friedrich August, * Dresden 18.11.1720, † Dresden 22.01.1721
Joseph, * Pillnitz 24.10.1721, † Dresden 14.03.1728
Friedrich Christian, Dresden 05.09.1722, † Dresden 17.12.1763
Maria Amalia, * Dresden 24.11.1724, † Buen Retiro/Spanien 27.09.1760
Maria, * Dresden 13.09.1727, † Dresden 01.02.1734
Maria Anna, * Dresden 29.08.1728, † München 17.02.1797
Franz Xaver, * Dresden 25.08.1730, † Dresden 21.06.1806
Josepha, * Dresden 04.11.1731, † Versailles 13.03.1767
Carl, * Dresden 13.07.1733, † Dresden 16.06.1796
Christina, * Warschau 12.02.1735, † Brumath 19.11.1782
Elisabetha, * Warschau 09.02.1736, † Dresden 24.12.1818
Albert, * Moritzburg 11.07.1738, † Wien 10.02.1822
Clemens, * Hubertusburg 28.09.1739, † Marktoberdorf 27.07.1812
Cunigunde, * Warschau 10.11.1740, † Dresden 08.04.1826

Friedrich Christian 1763

Nur 74 Tage war Kurfürst Christian im Amt und blieb damit als Herrscher mit der kürzesten Amtszeit aller Wettiner in Erinnerung. Seit der Kindheit an einer Behinderung (Rückgrat) leidend, ging er forsch an Reformen der Brühlschen Misswirtschaft, wollte die Ausgaben für die Armee und die Staatsschulden reduzieren. Nach nur zehn Wochen auf dem Thron erkrankte er an den Blattern, erlag einem Schlaganfall. Christians Ehefrau erlangte als Komponistin Geltung.

* 05.09.1722 Dresden, † 17.12.1763 Dresden

Amtsantritt: 1763

Begräbnisstätte: Familiengruft Katholische Hofkirche Dresden

∞ Dresden 20.06.1747 Maria Antonia Prinzessin von Bayern,
* 18.07.1724 Nymphenburg, † 23.04.1780 Dresden

Kinder:
Friedrich August, * Dresden 23.12.1750, † Dresden 05.05.1827
Carl, * Dresden 24.09.1752, † Dresden 08.09.1781
Joseph, * Dresden 26.01.1754, † Dresden 25.03.1763
Anton, * Dresden 27.12.1755, † Pillnitz 06.06.1836
Maria Amalia, * Dresden 26.09.1757, † Neuburg 20.04.1831
Maximilian, * Dresden 13.04.1759, † Dresden 03.01.1838
Maria, * München 27.02.1761, † Dresden 26.11.1820

Kurfürst Friedrich Christian von Sachsen,
Gemälde von Pierre Subleyras, 1739

Friedrich August III. (I.) 1763–1827

Der älteste Sohn des Kurfürsten Friedrich Christian übernahm für 59 Jahre – die längste Regentschaft aller Wettiner – die Macht. Bis zum 18. Lebensjahr durch Administrator Franz Xaver (1730–1806) vertreten, wurde der friedliebende Herrscher von Preußen in einen Kampf gegen Frankreich gedrängt. Doch Napoleon zog den sieglosen Friedrich August 1806 auf seine Seite – und sprach ihm die Königswürde zu. Seitdem war Sachsen Königreich. Die Bindung an Napoleon verpflichtete Sachsen, Truppen gegen die alliierten Preußen, Russen und Österreicher zur Verfügung zu stellen. Nach der für Napoleon verheerenden Völkerschlacht bei Leipzig vom 16./18. Oktober 1813 verhaftete man König Friedrich August I., brachte ihn nach Berlin. Sachsen wurde durch ein russisches und danach ein preußisches Generalgouvernement verwaltet, verlor zwei Drittel des Territoriums und ein Drittel seiner Bevölkerung. Erst 1815 kehrte der König in sein nunmehr kleineres Sachsen zurück.

Kurfürst Friedrich August III. wurde 1806 durch Napoleons Gnaden erster König von Sachsen.
Gemälde von Carl Christian Vogel von Vogelstein

* 23.12.1750 Dresden, † 05.05.1827 Dresden

Amtsantritt: 1763 (bis 1768 unter Vormundschaft des Oheims Xaver)

Begräbnisstätte: Familiengruft Katholische Hofkirche Dresden

∞ Dresden 29.01.1769 Amalie Pfalzgräfin und Prinzessin von Pfalz-Zweibrücken, * 10.05.1752 Mannheim, † 15.11.1828 Dresden

Kinder:
Maria Augusta, * Dresden 21.06.1782, † Dresden 14.03.1863

König Anton von Sachsen,
Gemälde von Carl Christian Vogel zu Vogelstein, 1827

Anton 1827–1836

Ursprünglich für den geistigen Stand vorgesehen, hatte sich König Anton auf Wunsch seines ohne männliche Nachkommen regierenden Bruders Kurfürst Friedrich August III. (als König ab 1806 Friedrich August I.) doch noch für die Ehe entschieden. Zwei Mal wurde er, den die Nachwelt auch „der Gütige" nannte, zum Witwer. Die Kinder aus zweiter Ehe starben wenige Minuten nach der Geburt oder lebten nur kurz. Als Anton im hohen Alter den Thron bestieg, war er ebenfalls ohne Erben. In seine Regierungszeit fällt die grundlegende Staatsreform, die Sachsen zu einem konstitutionellen Staat mit bürgerlich-liberalen Grundlagen machte. Dazu trugen im Wesentlichen der von König Anton bestellte leitende Minister Bernhard August von Lindenau (1780–1854) und Friedrich August Prinz von Sachsen bei, dem König Anton ab 1830 die Regierungsgeschäfte als Mitregent übergab.

* 27.12.1755 Dresden, † 06.06.1836 Pillnitz

Amtsantritt: 1827

Begräbnisstätte: Familiengruft Katholische Hofkirche Dresden

1. ∞ Dresden 24.10.1781 Charlotte Prinzessin von Sardinien,
   * 17.01.1764 Turin, † 28.12.1782 Dresden
2. ∞ Dresden 18.10.1787 Therese Erzherzogin von Österreich,
   * 14.01.1767 Florenz, † 07.11.1827 Leipzig

Kinder (aus 2. Ehe):
Maria Ludovica, * Dresden 14.03.1795, † Dresden 25.04.1796
Friedrich August, * Dresden 05.04.1796, † Dresden 05.04.1796
Maria Johanna, * Dresden 05.04.1798, † Dresden 30.10.1799
Maria Theresia, * Dresden 15.10.1799, † Dresden 15.10.1799

Friedrich August II. 1836–1854

Durch den Einfluss seines Vaters Maximilian Prinz von Sachsen war König Friedrich August II. Musik, Theater und der Natur sehr zugetan. Er unternahm zahlreiche Exkursionen, verewigte sich u. a. mit wissenschaftlichen Abhandlungen zur Pflanzenwelt von Dresden und Marienbad. Mit dem Erstarken der sächsischen Wirtschaft konnte der Monarch auch die Kultur zu neuer Blüte führen: 1836 wurde als Hauptgebäude der Landesuniversität Leipzig das „Augusteum", 1841 das von Gottfried Semper entworfene neue Hoftheater errichtet, und 1847 erhielt der gleiche Architekt den Auftrag für die Dresdner Gemäldegalerie. Der König ernannte Richard Wagner zum Hofkapellmeister. Er benutzte 1839 statt Kutsche den ersten deutschen Ferneisenbahnzug für die Fahrt von Dresden nach Leipzig. Die Revolution beendete er 1849 mit Hilfe preußischen Militärs, war jedoch vorher per Dampfschiff auf die Festung Königstein geflüchtet. Trotz zweier Ehen verstarb er kinderlos. Beim Ausflug in die Tiroler Alpen traf ihn in Imst-Brennbichl der tödliche Schlag eines Pferdehufes am Kopf.

König Friedrich August II. von Sachsen,
Gemälde von Carl Christian Vogel von Vogelstein

* 18.05.1797, † 09.08.1854

Amtsantritt: 1836 (seit 13.09.1830 Mitregent bei Oheim Anton)

Begräbnisstätte: Familiengruft Katholische Hofkirche Dresden

1. ∞ Dresden 07.10.1819 Carolina Erzherzogin von Österreich, * 08.04.1801 Wien, † 22.05.1832 Dresden
2. ∞ Dresden 24.04.1833 Maria Prinzessin von Bayern, * 27.01.1805 München, † 13.09.1877 Wachwitz

Johann 1854–1873

Das Leben König Johanns fiel in eine Zeit, in der sich die klassische Monarchie über den Verfassungsstaat der konstitutionellen Monarchie bis zum Modell einer parlamentarischen Monarchie entwickelte. Der dritte Sohn von Maximilian Prinz von Sachsen sah den Zerfall des Heiligen Römischen Reiches Deutscher Nation und das Entstehen des Deutschen Kaiserreiches. 1866 musste er erleben, wie Sachsen als Mitglied des Norddeutschen Bundes an Selbstständigkeit verlor, Außen- und Militärpolitik fortan durch Preußen bestimmt wurden. Johann war Regent und Gelehrter zugleich. Der Student der Universität Leipzig beherrschte sechs Sprachen, ging als Denker, Sozialreformer und Dichter in die Geschichte ein. Neben der Dresdner Residenz, Schloss Pillnitz und dem von ihm 1824 gekauften Rittergut Jahnishausen bei Riesa wählte er vor allen das 1830 von den Wettinern erworbene Schloss Weesenstein zu seinem Lebensmittelpunkt. Hier, in der Abgeschiedenheit des idyllischen Müglitztales, übersetzte und kommentierte er Dantes „Göttliche Komödie". Die erste Gesamtausgabe gab er 1849 unter dem Pseudonym „Philalethes – Freund der Wahrheit" heraus. Die Zeichen der Zeit erkennend, führte der in seinen letzten Lebensjahren schwer an Asthma leidende König Johann 1861 das Sächsische Gewerbegesetz ein, das erstmals Kündigungsschutz, Tarif-Lohnzahlungen, Lehrlingsausbildung, Kranken- und Unterstützungskassen für Sachsens Arbeiter regelte. Seit 1877 trägt ein Dresdner Stadtteil den Namen „Johannstadt". 1889 wurde auf dem Dresdner Theaterplatz sein Reiterstandbild eingeweiht.

König Johann von Sachsen war Regent und Gelehrter.
Gemälde von Carl Christian Vogel von Vogelstein

* 12.12.1801 Dresden, † 29.10.1873 Pillnitz

Amtsantritt: 1854

Begräbnisstätte: Familiengruft Katholische Hofkirche Dresden

∞ 21.11.1822 Amalie Auguste Prinzessin von Bayern, * 13.11.1801 München, † 08.11.1877 Dresden

Kinder:
Maria, * Dresden 22.01.1827, † Dresden 08.10.1857
Albert, * Dresden 23.04.1828, † Sibyllenort 19.06.1902
Elisabeth, * Dresden 04.02.1830, † Stresa am Lago Maggiore, Italien 14.08.1912
Ernst, * Dresden 05.04.1831, † Weesenstein 12.05.1847
Georg, * Pillnitz 08.08.1832, † Pillnitz 15.10.1904
Sidonia, * Pillnitz 16.08.1834, † Dresden 01.03.1862
Anna Maria, * Dresden 04.01.1836,† Neapel 10.02.1859
Margaretha, * Dresden 24.05.1840, † Monza 15.09.1858
Sophia, * Dresden 15.03.1845, † München 09.03.1867

König Albert von Sachsen brachte es als begabter Militär bis zum preußischen Feldmarschall. Gemälde von Alfred Diethe, 1876

Albert 1873–1902

Mit König Albert gelangte 1873 ein Feldherr und Militärgenie auf den Sachsen-Thron, der 23-jährig schon zum Generalmajor befördert wurde. Tapferkeit bewies er 1848 im Feldzug gegen Dänemark. 1866 focht er an der Spitze von 31 000 Soldaten in der Schlacht von Königgrätz gegen Preußen. Seine Siege in den Schlachten von St. Privat und Beaumont gegen Frankreich machten ihn legendär – und zum preußischen Feldmarschall. Unter dem Musik und Theater zugeneigten Albert blühte das Königreich auf, wurde vom Agrar- zum Industriestaat. Bei Volk und Armee war der kinderlos mit Prinzessin Carola von Wasa aus dem schwedischen Königshaus vermählte Albert sehr beliebt. In seinen letzten Lebensjahren weilte er oft auf Schloss Sibyllenort bei Breslau. Die als „Schlesisches Windsor" bekannte Anlage im Stil der Neogotik hatte ihm 1884 sein Freund Herzog Wilhelm von Braunschweig (1806–1884) vererbt. Den Sachsen war er bereits zu Lebzeiten viele Ehrungen wert. In Dresden tragen beispielsweise noch heute das Ausstellungsgebäude Albertinum, Alberthafen, Albertbrücke, Albertplatz und Albertpark seinen Namen. Die einst größte und modernste deutsche Kasernenstadt (360 Hektar für 20 000 Soldaten) am nördlichen Stadtrand Dresdens heißt Albertstadt. 2002 verliehen der Chef des Hauses Wettin und sein Bruder dem Dresdner Schützenverein und dem Schützenverein Riesa den Ehrennamen „König Albert".

* 23.04.1828 Dresden, † 19.06.1902 Sibyllenort

Amtsantritt: 1873

Begräbnisstätte: Familiengruft Katholische Hofkirche Dresden

∞ Dresden 18.06.1853 Caroline (Carola) Prinzessin von Wasa, * 05.08.1833 Schönbrunn b. Wien, † 15.12.1907 Dresden

Georg 1902–1904

Der betagte König Georg folgte seinem kinderlosen Bruder Albert 1902 für zwei Jahre auf dem Thron. Der 70-jährige Witwer hatte den Rang eines Generalfeldmarschalls, war Finanzfachmann, Musikliebhaber und seit 1855 als Vorsitzender im Sächsischen Altertumsverein engagiert. Hier setzte er sich vor allem für die Wiederherstellung geschichtsträchtiger Bauwerke wie der Meißner Albrechtsburg oder der Goldenen Pforte des Freiberger Doms ein. Zeitgenossen berichten, dass seine steife Etikette den Umgang mit ihm manchmal schwierig machte.

König Georg von Sachsen

* 08.08.1832 Pillnitz, † 15.10.1904 Pillnitz

Amtsantritt: 1902

Begräbnisstätte: Familiengruft Katholische Hofkirche Dresden

∞ Lissabon 11.05.1859 Maria Anna Infantin von Portugal und Algarbien,
* 21.07.1843 Lissabon, † 05.02.1884 Dresden

Kinder:
Marie, * Dresden 19.07.1860, † Dresden 02.03.1861
Elisabeth, * Dresden 14.02.1862, † Dresden 18.05.1863
Mathilde, * Dresden 19.03.1863, † Dresden 27.03.1933
Friedrich August, * Dresden 25.05.1865, † Sibyllenort 18.02.1932
Maria Josepha, * Dresden 31.05.1867, † Wildenwart/Bayern 28.05.1944
Johann Georg, * Dresden 10.07.1869, † Altshausen b. Ravensburg 24.11.1938
Max, Prof. d. theol., * Dresden 17.11.1870, † Fribourg/Schweiz 12.01.1951
Albert, * Dresden 25.02.1875, † (verunglückt) Wolkau b. Nossen 16.09.1900

Friedrich August III. 1904–1918/1932

König Friedrich August III., der 1904 als letzter regierender Wettiner den Thron bestieg, entsprach in seiner Amtsführung wie in seinem menschlichen Auftreten den gesellschaftlichen Verhältnissen des 20. Jahrhunderts. Er förderte Wirtschaft und Kultur. Während seiner Regentschaft stieg die Bevölkerungszahl im Königreich Sachsen auf fast fünf Millionen an. Des Königs Volkstümlichkeit und Humor blieben bis heute in Erinnerung, weniger seine Menschenkenntnis, seine Pünktlichkeit, seine Religiosität, seine Liebe zur Natur und zur Jagd. Als ihn die Gemahlin nach elf Ehejahren verließ, später einen Pianisten heiratete, kümmerte er sich rührend um die sechs Kinder. Sachsens letzter König wäre berufen gewesen, den Übergang zu einer modernen Form der Monarchie vorzubereiten. Doch die Folgen des I. Weltkrieges verhinderten dies. Am 13. November 1918 entsagte er nach 829 Jahren Wettiner-Herrschaft im Gegensatz zu anderen deutschen Fürsten nur für seine Person dem Thron und ließ damit seinen Nachkommen eine – bis heute allerdings nicht eingelöste – Option offen. Per Vertrag vom 25. Juni 1925 (Gesetz vom 9. Juli 1924) kam der Freistaat Sachsen mit dem vormals regierenden Königshaus zu einem friedlichen Ausgleich über Ansprüche, Finanzmittel, Immobilien, Ländereien und tausende Kunstschätze.

Bis zu seinem Tode lebte Friedrich August III. auf Schloss Sibyllenort in Schlesien, mit 31 Rittergütern und 23 000 Hektar Land. Weil der ins Priesteramt gewechselte Kronprinz Georg nicht mehr für die Nachfolge zur Verfügung stand, wurde der zweitälteste Sohn Friedrich Christian nach dem Ableben des Königs Chef des Hauses Wettin.

Sachsens letzter König Friedrich August III.

* 25.05.1865 Dresden, † 18.02.1932 Sibyllenort/ Niederschlesien

Amtsantritt: 1904

Begräbnisstätte: Familiengruft Katholische Hofkirche Dresden

∞ Wien 21.11.1891 Ludovica (Luise) Erzherzogin von Österreich, Prinzessin von Toscana, geschieden Dresden 11.02.1903, * 02.09.1870 Salzburg, † 23.03.1947 Brüssel

Kinder:
Georg, SJ, * Dresden 15.01.1893, † (ertrunken) Großglienicke 14.05.1943
Friedrich Christian, * Dresden 31.12.1893, † Samaden 09.08.1968
Ernst Heinrich, * Dresden 09.12.1896, † Neckarhausen 14.06.1971
Maria Alix, * Wachwitz b. Dresden 22.08.1898, † Dresden 22.08.1898
Margarete, * Dresden 24.01.1900, † Freiburg i. Br. 16.10.1962
Maria Alix, * Wachwitz b. Dresden 27.09.1901, † Hechingen 11.12.1990
Anna, * Lindau a. B. 04.05.1903, † München 09.02.1976

Kleine Chronik des Schlossensembles vom Mittelalter bis heute

1004
Hafen „Nisani“ erwähnt

ab 1173
Bau der 24-bogigen Steinbrücke über die Elbe bis 1220 (561 m lang; 8,50 Meter breit)

um 1200
Romanische Ringmauer (2,20 Meter breit) umgibt die Stadt Dresden.

1206
31. März: Ersterwähnung Dresdens „in Dresdene“ in einer Urkunde des Markgrafen Dietrich von Meißen (1195–1221)

um 1230
Burggraf von Dohna errichtet am Brückenkopf der Elbbrücke einen stadtherrlichen Hof – eine Art gotisches Brückenkastell – mit fünf oder sechs Türmen (3 Hektar groß).

1260/70
Markgraf Heinrich der Erlauchte (regierte 1221–1288) baut einen frühgotischen Palast (Mauerreste wurden 1989 von Archäologe Reinhard Spehr unter der heutigen Sophienstraße entdeckt), erhebt Dresden zum wichtigsten Wohn- und Verwaltungssitz in der Markgrafschaft Meißen.

um 1270
Dresden hat ca. 4000 Bewohner.

1289
Ersterwähnung der Burganlage als „Castrum“

1400/70
Baubeginn des Hausmannsturmes über quadratischem Grundriss (14 m x 14 m) als nordwestlicher Eckturm. Zum Ende des 15. Jahrhunderts hat er eine bis unter den Kragsteinkranz reichende Höhe.

1468/80
Errichtung der spätgotischen Schlossanlage (geschlossene Vierflügelanlage mit südlichem Torhaus)

1485
Nach der „Leipziger Teilung“ wird Dresden ständige Residenz der albertinischen Wettiner.

um 1495
Ein Erdbeben richtet Zerstörungen am Schloss an.

Romanischer Wandpfeiler unter dem großen Schlosshof.
Archäologen identifizieren ihn als Teil der Kemenate der 1220/30 errichteten Stadtburg der Burggrafen von Dohna.

1517
Weihe der an die Südseite des Hausmannsturmes angebauten Schlosskapelle St. Nikolai (als zweiter Altar existiert ein Georgsaltar aus der 1346 bzw. 1495 erwähnten Burgkapelle)

um 1528
Bau des runden Schössereiturmes an der Schloßstraße

1530/35
Ausbau Dresdens zur Residenzstadt unter Herzog Georg dem Bärtigen (regierte 1500–1539). Aus dem

Torturm auf dem Brückenkopf entsteht der fast 30 Meter hohe Georgenbau.

ab 1548
Kurfürst Moritz (regierte 1541–1553) lässt die Schlossanlage u. a. durch Caspar Vogt von Wierandt (um 1500–1560) im Stil der Renaissance erweitern. Neubau: westlicher Teil des Nordflügels mit evangelischer Schlosskapelle, neuer Westflügel mit „Geheimer Verwahrung", westlicher Südflügel, drei Wendelsteine im Schlosshof

1560
Kurfürst August (regierte 1553–1586) richtet in sieben Zimmern des Schlosses, direkt über den kurfürstlichen Wohngemächern, die Kunstkammer mit 10 000 Schaustücken ein. Sie wird zum Kristallisationskern der wichtigsten Dresdner Museen und Sammlungen.

1586/91
Bau Stallhof und Stallgebäude durch Hans Irmisch (1526–1597) und Paul Buchner (1531–1607). Das 1730/31 durch ein Stockwerk erweiterte Stallgebäude – man nennt es nach König Johann (regierte 1854–1873) „Johanneum" – hatte nach der Unterbringung kurfürstlicher Pferde und Kutschen wechselnde Zweckbestimmungen: u. a. Gemäldegalerie (1747 bis 1855), Porzellansammlung (1876 bis 1933), Historisches Museum (1877 bis 1945), seit 1956 Verkehrsmuseum der Stadt Dresden (Mietvertrag bis 2025).

Der 1660 vollendete Riesensaal im Residenzschloss war rund 60 Meter lang und 13 Meter breit.

Residenzschloss im Jahre 1709 von C. H. Fritzsche,
im Vordergrund der hölzerne Vorgängerbau des Zwingers mit höfischen Lustbarkeiten

Prunkstück des Neuen Grünen Gewölbes ist der von Hofjuwelier Johann Melchior Dinglinger (1664–1731) in den Jahren 1701/08 geschaffene „Hofstaat zu Delhi am Geburtstag des Großmoguls Aureng-Zeb“.

1589/94
Unter Beteiligung von Paul Buchner entsteht der Kleine Schlosshof mit zweigeschossigem Torhaus.

1627/33
Umbau des Riesensaales durch Wilhelm Dilich (1571–1650)

1674/76
Wolf Caspar von Klengel (1630–1691) vollendet den Hausmannsturm mit welscher Haube und Laterne (Höhe 100 m).

1683
Umbauten am östlichen Teil des Südflügels: Abbruch des spätgotischen Torhauses, Bau von zwei Portalen und des südöstlichen Wendelsteins

1692/93
Johann Georg Starcke (1630–1695) baut die sogenannte „Englische Treppe“.

1701
Karfreitag: Ein Schlossbrand vernichtet u. a. den

Linke Seite:
Dresdner Altstadt um 1900 (von links): Zwinger, Katholische Hofkirche, Residenzschloss, Taschenbergpalais, Evangelisch-Lutherische Sophienkirche

Georgenbau, den gesamten Ostflügel mit dem Riesensaal und den Schössereiturm.

1705/08
Bau des Taschenbergpalais für die Mätresse Friedrich Augusts I., des Starken (regierte 1694–1733), Anna Constantia Reichsgräfin von Cosel (1880–1765), durch Johann Friedrich Karcher (1650–1726) und Matthäus Daniel Pöppelmann (1662–1736)

1709/28
Neben dem Residenzschloss lässt August der Starke von Matthäus Daniel Pöppelmann und Balthasar Permoser (1651–1732) den Zwinger als Höhepunkt der Barockarchitektur errichten. Elbseitiger Abschluss 1847/55 durch Gottfried Semper (1803–1879)

1717/19
Wiederaufbau zerstörter Schlossteile, Barockgestaltung von Innenräumen im zweiten Obergeschoss: Audienzgemach, Schlafzimmer Augusts des Starken, Turmzimmer (Porzellanzimmer), Zwischenflügel für Gemäldesammlung

1723/29
Bau Schatzkammer „Grünes Gewölbe" unter Mitwirkung von Matthäus Daniel Pöppelmann, Raymond Leplat (um 1664–1742) und Zacharias Longuelune (1669–1748)

1737
Lutherische Schlosskapelle wird aufgelöst. Das Kapellenportal, auch „Goldenes Tor" genannt, wird an den Westgiebel der Sophienkirche versetzt (1872 bis 2004 am Jüdenhof neben dem Johanneum aufgebaut). Seit 2013 wieder als Nachbildung am alten Standort im Schloss zu sehen.

1739/55
Bau der Katholischen Hofkirche durch Gaetano Chiaveri (1689–1770), vollendet durch Sebastian Wetzel, Johann Christoph Knöffel (1686–1752) und Julius Heinrich Schwarze (1706–1775).

1775
Auf dem Dresdner Schlossturm errichtete der gelehrte Bauer Johann Georg Palitzsch (1723–1788) den ersten Blitzableiter Dresdens.

1806
Das Kurfürstentum Sachsen wird Königreich.

1833/34
Umbau Georgenbau mit Errichtung des dritten Obergeschosses durch Otto von Wolframsdorf (1803–1849)

1837/55
Im zweiten Obergeschoss des Nordflügels werden die Räume als „Großer Ballsaal" und „Thronsaal" (später Bankettsaal) durch Otto von Wolframsdorf neu gestal-

In der „Türckischen Cammer" sind u. a. Beutestücke ausgestellt, die Sachsens Herrscher von den Schlachtfeldern mitbrachten.

tet. Die Wandmalerei führte Eduard Bendemann (1811–1889) aus.

1872/76
Fürstenzug durch Wilhelm Walther (1826–1913) auf der Langen Wand als Sgraffito

1889/1901
Im Zusammenhang mit der 800-Jahrfeier des Hauses Wettin erfolgt der Schlossumbau durch Gustav Dunger (1845–1920) und Gustav Frölich (1859–1933). Dabei wird ein neuer südlicher Schlossflügel angefügt, gestaltet man die Fassaden im Stil der Neorenaissance.

1904/07
Fürstenzug entsteht aus Meissener Porzellan® neu.

1918
13. November: König Friedrich August III. (regierte 1904–1918) verzichtet auf den Thron.

1922
Eröffnung Schlossmuseum im zweiten Obergeschoss

1933
Faschistische Diktatur

1945
13. Februar: Im Inferno von Dresden brennt das Residenzschloss bis auf die Grundmauern nieder.

Im Riesensaal werden als Dauerausstellung opulente Schaustücke der Rüstkammer präsentiert.

Der Kleine Schlosshof erhielt in moderner Zeit durch ein Membrandach von Architekt Peter Kulka (geb.1937) Foyer-Funktion.

1949
7. Oktober: Gründung der Deutschen Demokratischen Republik, Sachsen wird ein Teil der DDR. Am 23. Juli 1952 Auflösung von Sachsen und Gliederung in die Bezirke Dresden, Leipzig und Karl-Marx-Stadt (Chemnitz).

1962
7. Juli: Weihe des Hochaltars der wieder aufgebauten Dresdner Hofkirche (1980 Erhebung zur Kathedrale Sanctissimae Trinitatis)

bis 1967
Sicherungsarbeiten: u. a. Turmstumpf Hausmannsturm, Grünes Gewölbe, Wiederaufbau Georgenbau

1986
Investitionsvorbereitung für den Wiederaufbau des Dresdner Schlosses unter Verantwortung der Aufbauleitung des Rates des Bezirkes Dresden, Beginn der Enttrümmerung und archäologischen Erschließung

1988
Oktober: Aufsetzen der Hauben auf die Ecktürme des Westflügels

1989
Herbst: Friedliche Revolution

1990
3. Oktober: Beitritt der DDR zur Bundesrepublik Deutschland, Neugründung des Freistaates Sachsen in der Albrechtsburg Meißen

1991
Westflügel und westlicher Nordflügel im Bereich der Schlosskapelle rohbaufertig, Hausmannsturm bekommt seine Spitze zurück.

1995
31. März: Nach zwei Jahren Wiederaufbau und einer Investitionssumme von 240 Millionen DM eröffnet mit 300 Mitarbeitern im Taschenbergpalais das Grandhotel Taschenbergpalais Kempinski Dresden.

1997
Freistaat Sachsen beschließt den Ausbau des Residenzschlosses zum neuen Domizil der Staatlichen Kunstsammlungen Dresden (geplantes Bauvolumen: 380 Millionen Euro, geplante Fertigstellung 2019). Diese gehören neben dem Pariser Louvre, dem Metropolitan Museum New York und der Eremitage in St. Petersburg zu den bedeutendsten Museen der Welt. Ihre 14 Einrichtungen verwahren rund 1,2 Millionen Kunstwerke.

2004
September: Eröffnung des Neuen Grünen Gewölbes mit 1071 Kunstwerken in 200 Vitrinen auf 1200 qm im ersten Obergeschoss des Westflügels und Bärengartenflügels als moderner Teil der Schatzkammer. Im gleichen Jahr erfolgte die Einrichtung der Kunstbibliothek (260 000 Bände) und des Kupferstichkabinetts.

2006

1. September: Wiedereröffnung des Historischen Grünen Gewölbes (1200 qm Ausstellungsfläche), welches rund 3000 Werke der Schatzkunst in zehn Kabinetten im Stil von 1733 präsentiert.

2009

August: Fertigstellung der 40 m langen Fürstengalerie (400 qm) mit Porträts und Büsten der sächsischen Kurfürsten und Könige des 16. bis 20. Jahrhunderts

2010

März: Übergabe des Prachttreppenhauses „Englische Treppe“ nach fünfjähriger Bauzeit. Eröffnung der „Türckischen Cammer“ als Teil der Rüstkammer. Die Dauerausstellung im zweiten Obergeschoss zeigt auf 750 qm circa 600 orientalische und orientalisierende Objekte.

2013

Februar: Im fast 60 Meter langen und 13 Meter breiten Riesensaal eröffnet ein Teil der neuen Dauerausstellung der Rüstkammer. Zu ihrem Bestand gehören etwa 10 000 Kunstgegenstände, darunter etwa 2200 Schwerter, Degen und Dolche sowie 1400 historische Pistolen und 1600 wertvolle Gewehre.

2015

Juni: Das Münzkabinett (fast 300 000 Objekte, u. a. Münzen aller Länder seit der Antike, Medaillen, Orden, Banknoten, Wertpapiere, Münz- und Medaillenstempel) eröffnet im Georgenbau auf 350 qm die neue Dauerausstellung.

Das Münzkabinett in neuer Pracht. Als eines der ältesten Museen Sachsens geht seine Gründung auf Herzog Georg den Bärtigen (1471–1539) zurück.

Quellen

Blaschke, Karlheinz: Der Fürstenzug zu Dresden. – Urania Leipzig Jena Berlin 1991

Das Dresdner Schloss. Monument sächsischer Geschichte und Kultur. – Staatliche Kunstsammlungen Dresden 3. Auflage 1992

Das Königliche Residenz-Schloss zu Dresden. – Römmler & Jonas Dresden 1896

Delau, Reinhard; Schöner, Jörg: Taschenbergpalais Dresden. – Mitteldeutscher Verlag Halle 1995

Drehwald, Suzanne; Jestaedt, Christoph: Sachsen als Verfassungsstaat. – Edition Leipzig 1998

Fellmann, Walter: Sachsens Könige 1806 bis 1918. – Koehler & Amelang München Berlin 2000

Haenel, Erich (Leitung): Führer durch das ehemalige Residenzschloss und die Ausstellung August der Starke und seine Zeit. – Wilhelm und Bertha v. Baensch Stiftung Dresden 1933

Helas, Volker: Architektur in Dresden 1800–1900. – Verlag der Kunst Dresden 3. Auflage 1991

Helfricht, Jürgen: Astronomiegeschichte Dresdens. – Hellerau Dresden 2001

Helfricht, Jürgen: Das Königliche Dresden. – Husum Husum 2011

Helfricht, Jürgen: Der Dresdner SemperOpernball. – SAXO'Phon Dresden 2014

Helfricht, Jürgen: Die Dresdner Frauenkirche. Eine Chronik von 1000 bis heute. – Husum Husum 8. Auflage 2014

Helfricht, Jürgen: Die Wettiner. Sachsens Könige, Herzöge, Kurfürsten und Markgrafen. – Sachsenbuch Leipzig 5. Auflage 2012

Helfricht, Jürgen: Kleines ABC des Meissener Porzellans®. – Husum Husum 3. Auflage 2015

Helfricht, Jürgen: Kleines Dresden-ABC. – Husum Husum 2. Auflage 2014

Helfricht, Jürgen: Sehnsucht nach dem alten Dresden. Zeitzeugen erinnern sich der unzerstörten Stadt. – Verlags- und Publizistikhaus Dresden 2005

Helfricht, Jürgen: Traumwege durch das alte Dresden. – Husum Husum 2007

Helfricht, Jürgen: Zauberhaftes Dresden – Silhouetten von Elbflorenz. – Husum Husum 2010

Kracke, Friedrich: Das Königliche Dresden. Erinnerungen an Sachsens Landesväter und ihre Residenzstadt. – Harald Boldt Boppard am Rhein 1972

Kretschmann, Georg: Das Silber der Wettiner. Eine Schatzsuche zwischen Moskau und New York. – Ch. Links Berlin 1995

Lewerken, Heinz-Werner (Hrsg.): Die Ahnengalerie der Wettiner. – Staatliche Kunstsammlungen Sandstein Dresden 2006

Magirius, Heinrich (Redaktionskollegium): Das Residenzschloss zu Dresden Band 1. – Michael Imhof Petersberg 2013

Pätzold, Stefan: Die frühen Wettiner. Adelsfamilie und Hausüberlieferung bis 1221. – Böhlau Köln Weimar Wien 1997

Posse, Otto: Die Wettiner. – Zentralantiquariat Leipzig 1994

Römmler, Emil: Lebenserinnerungen eines Königlich-Sächsischen Hofphotographen. – Dr. Günter Voigt Edition Dresden 1996

Sachsen, Albert Prinz von: Die Albertinischen Wettiner. Geschichte des Sächsischen Königshauses 1763 – 1932. – E. Albrecht Gräfelfing, 2. aktualisierte Auflage 1991

Sachsen, Johann Georg von: König Albert von Sachsen. – Paul Schraepler Leipzig 1922

Sachsens Fürstenhaus. Sgraffitofries am Königlichen Schlosse zu Dresden. – Adolf Gutbier Dresden o. J.

Staatshandbuch für das Königreich Sachsen. – Königliches Gesamtministerium und Commissionsverlag E. Heinrich 1874–1914

Syndram, Dirk: Das Schloss zu Dresden. Von der Residenz zum Museum. – E. A. Seemann Leipzig 2012

Syndram, Dirk (Konzeption): Das Grüne Gewölbe zu Dresden. Rückkehr eines barocken Gesamtkunstwerkes. – E. A. Seemann Leipzig 2006

Syndram, Dirk; Kappel, Jutta; Weinhold, Ulrike: Die barocke Schatzkammer Das Grüne Gewölbe zu Dresden. – Deutscher Kunstverlag München Berlin 2006

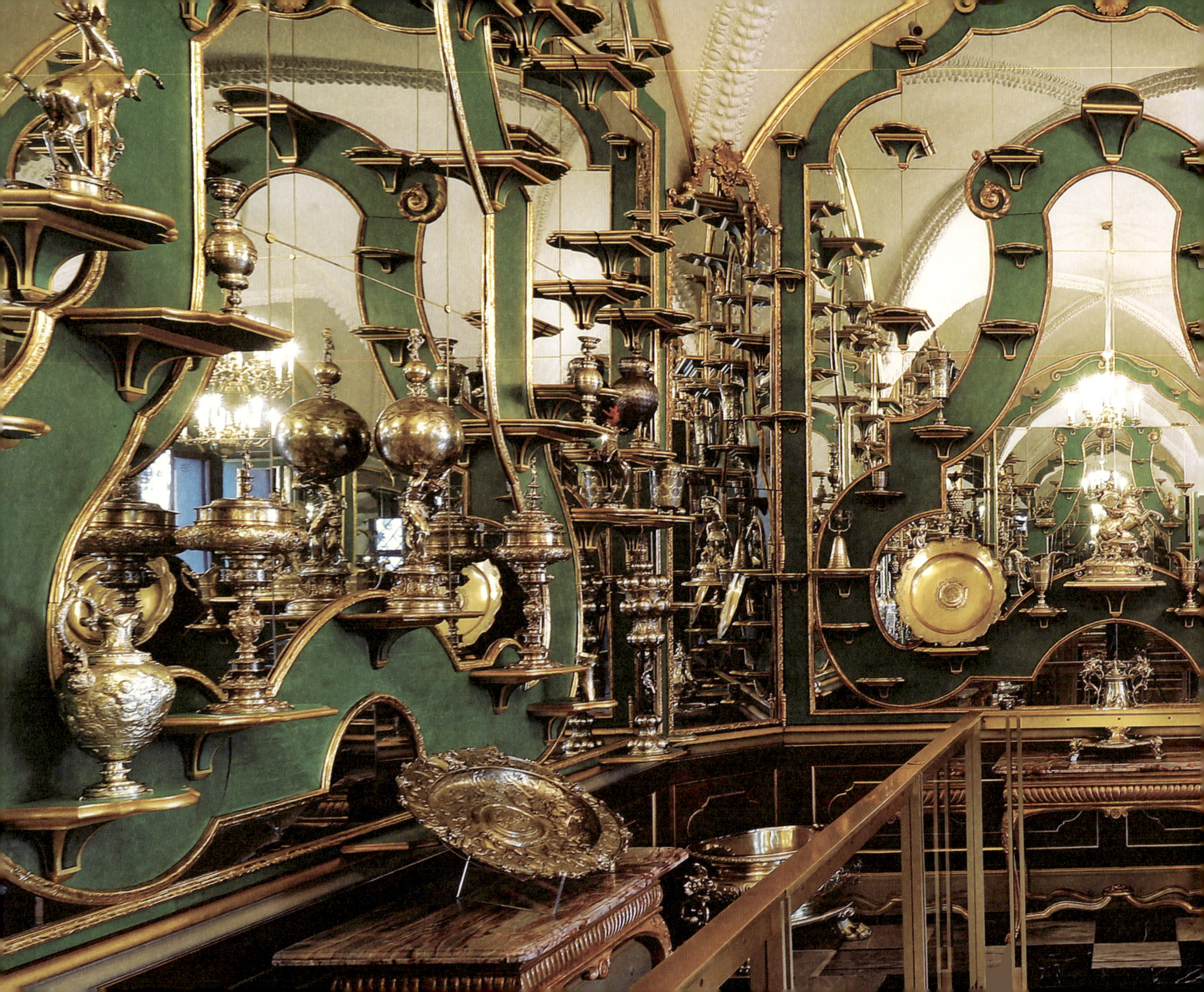